后浪

TRANSFORMING EVERYDAY CONFLICT

如何摆平日常冲突

[美] 艾伯塔·弗雷德里克森 著
Alberta Fredricksen
石若琳 译

北京时代华文书局

致谢

我能够有幸撰写并成功出版这本书，分享管理和解决日常冲突的方法，离不开大家对我的帮助。翻开书的扉页，赫然印着的作者只有我的名字，但是这本书就像由源自世界各地的布料缝制而成的拼布床单。书中的原则、技巧、工具和策略无一不源自我们的生活，是从无数人的经历和经验中千锤百炼得来的，我就像拼接珍贵的锦帛一样，将它们连缀到一起，形成了这本书。

大家对我的帮助难以赘述，无法言尽对身边

每一个人的感谢。但我还是想借这个机会，感恩我的父母。我生于一个普通的工薪家庭，想来生活的重负肯定会让父母产生冲突和分歧，但是从小他们就从来没有当着我的面争吵过。每当爸爸妈妈叫我坐下来一起聊我做的某些事或者我的某种行为的时候，我就知道事情严重了，或者我犯了一个很大的错误。所以我想，大概是从小的家庭教育，让我形成了一种思维模式，那就是通过有效的沟通和建立牢固的关系，大部分问题都可以迎刃而解。

我做过多年的教师、学校行政人员、组织和机构的管理者，还当过人事经理，我要感谢这些年来在我任职过的岗位中每一个和我发牢骚或者在谈判桌前商议谈判的人，所有提出问题并期待我解决的学生、家长以及员工，还有帮助过我乃至我的对手的那些精通业务的律师。同时，作为管理冲突方面的讲师和专家，我要借此机会感谢所有勇于面对生活中出现的问题的人——也许你的问题复杂、困难，正在经历或是已经解决——不管是你自己的问题还是与他人之间关系的问题，感谢那些仍然抱着一颗求同存异之心、以大局为重、希望能够继续合作的人。这些人教会了我很多。

还有我身边的亲人、朋友——尽管有的并没有血缘关系，是你们这些年来一直支撑着我，我发自肺腑地感谢你们，对你们的感激言之不尽。

这本书的问世，还要谢谢林恩·克利佩尔，他是我的老师、写作顾问、编辑，也是这本书的设计师、出版商。

前言

我们生活在意识的宇宙中，这里的一切事物都相互关联着，我们的潜力可以带来无限的可能。

——韦尔农·伍尔夫（Vernon Woolf）博士，

国际全动力学院创始人兼董事长

冲突似乎永不停歇，但这些都是生活的馈赠。看到这你可能会想：“你开玩笑呢吧，是不？”我在和客户讲到这个理念的时候，很多人都会有这样的反应。

我们大多数人从小到大都认为发生冲突是件

糟糕的事情。在我看来，这种想法是错误的，而且会带来毁灭性的后果，因为它让我们在面对自身内部或与他人的冲突时，不自觉地让情况变得更糟。

我从未见过谁在成长过程中曾学习过如何管理冲突。小学没有这门课程——而管理冲突，正是孩子们应该学习的。

冲突总是自然而然就出现了，是很常见的情况。你有没有好奇过，那些有着延绵的山峰、陡峭的悬崖、磅礴的瀑布和深邃的湖泊的壮丽山景是怎么形成的？这些都是地壳震动、风雨侵蚀的产物——有时候，这些自然万物的交锋非常剧烈，能带来美轮美奂、犹如天境甚至质的改变！合气道大师托马斯·克鲁姆（Thomas Crum）在他的著作《冲突的魔力：把沉重的生活过成艺术》（*The Magic of Conflict: Turning a Life of Work into a Work of Art*）中也讲到，冲突是大自然中一切变化的原始动力。

管理冲突就是管理变化

面对大千世界，生存的需要让人类形成了特有的机制，以应对周围的环境，但是有的时候，这些机制却不奏效。这是因为，虽然我们相互学习，但是却没有一门主要课程把管理冲突和变化作为教授的主题和必备的技能，就像语文和数学那样，让我们学习并从中受益。试想一下，如果我们能接受相关的指导，并且在实践中学习如何管理冲突和变化、营造和谐的人际关系——并以此为契机增强我们每个个体之间的联系，这个世界会不会更加美好？

我们大多数人都对自己或者周围事物需要如何改变以更好地适应我们有着自己的感受和想法。我们和他人分享自己的期望，渴求着变化，甚至祈祷可以改变自己和周围人的生活。实际上，我们期待的是某种嬗变，好让一切变得不一样。我的一位老师曾说过："'嬗变'只不过是'改变'文气一点的说法。"我们渴望改变！

那为什么当身边的事物有变化的时候，我们会惊慌呢？为什么周围人的改变会让我们大吃一惊呢？我们又是为什么要拒绝改变——面对无望的现实垂死挣扎呢？因为作为人类，我们会逐渐陷入自己的模式、习惯、惰性乃至对我们无益的嗜好所营造的舒适圈中。尽管我们也希望周围的环境和人可以发生改变，但是如果这些改变是在我们不知情的情况下或以我们意料之外的方式发生的，我们就很容易感到不安——甚至惶恐。由此，也激发了冲突。

现在开始还不晚。我们仍然可以通过学习感受变化带来的好处、仔细应对变化，来改变自己的现状甚至整个世界。而我们生活中的各种冲突，绝对蕴藏着改变的机会。是的，你没有听错！冲突是改变的机会——是一种馈赠！

“威廉（William）”的反馈：如果我们在学校里能学到如何管理冲突和变化，世界将会变得多么不一样，希望您和您的团队可以让这方面的教育得到普及。如果我早早掌握这些方法，就不会去伤害别人，自己也能免于心痛了。

改变刻不容缓

我喜欢把冲突看作前来拜访的信使，他的到来是为了引起你的注意，告诉你是时候做出改变了。

管理冲突需要你的专注力和精力。而你也要做出一个重要的决定：是把冲突看作一场不公平的戏弄，让它打乱你的生活轨迹，并迅速找个替罪羊来责备一顿，由此获得片刻安宁？还是把冲突看成一个新的信号——一个你可以朝着正确的方向改变、让自己和周围的世界变得更好的机会？

想要达成人生中的目标，方向固然重要，但是更重要的是，你要经历怎样的改变，才能将它们一一实现。

古希腊领袖伯里克利[①]曾说过："你留下的不是刻在石碑上的文字，而是交织在人们生命中的改变。"

"玛利亚（Maria）"的反馈：冲突远比牙疼或者流感可怕，因为如果你牙疼或者感冒了，好歹知道这些不适是会逐渐缓解的。但是冲突却可以延续很久，甚至纠缠人的一生，或者让生死之交选择一刀两断。冲突仿佛能偷走人们内心的平静和全部的活力。哪怕我们觉得自己是对的，但我们内心深处的自尊

---

① 伯里克利（Pericles，约公元前495年—前429年），雅典黄金时期（希波战争至伯罗奔尼撒战争）具有重要影响的领导人。——译者注

也会受到很大的伤害。如果我们对自己没有一个广阔、长远的规划，不去想我们是谁、我们面临的“对手”又是谁，生命就会失去冒险的乐趣，变得平铺直叙、索然无味。

玛利亚用生动形象的比喻，描述了一个成年人对冲突应有的看法。她从更深刻的角度更加宏观地展示出，冲突可以为我们带来机遇和礼物。在玛利亚的反馈中，她还提到了一点，就是尽管学习之后，她可能还是记不清针对不同的冲突具体的应对策略是什么，但是现在她心里至少清楚，冲突总有方法可以解决。然后她会回过头，重温这些原则和步骤。当她能在冲突中表示出自己的关心和善意时，她也感觉自己更强大了。

她还说：

我们来到这里是为了重组自己、让自己变得更好。现在的我可以接纳不同的观点，理解和包容差异了……这也让我更加自信，同时看到别人的好。这样的我能够更好地领会书中的技巧，因为我知道自己不会受到伤害，也就敢于表现出自己的关心，并一点一点地做出改变了。

你有没有过在和别人打交道的过程中感到不快的经历？很可能在这之后，你发现自己一遍又一遍地在心里回忆当时的场景，想着自己本可以说些什么，懊悔没有把它们说出来。但是在当时的情况下，你紧张又不安——甚至可能觉得自己深陷危机、被千夫所指——就是想不出合适的回应，也不知道应该怎么做。当时的你只知道这种感觉糟透了，感觉你们之间的关系受到了影响、破坏，正在土崩瓦解。你不知道自己在这段关系中处于什么位置，你的内心难以平静，感觉自己像泄了气的皮球。

生活中，我们随时都有可能被卷入冲突之中。

这时候，你可以选择消极应对，但这样做会造成灾难性的后果，因为我们的态度、我们的自我意识、我们和他人的关系以及我们的效率都会受到损害。但是只要你稍做改变，以全新的视角认识冲突的本质，再使用一些沟通的技巧，就能巧妙应对冲突，收获和谐的人际关系的好处。然后你就可以感受到冲突为管理变化和创造新事物而提供的机会。

记得我十一二岁的时候，我的奶奶曾和我说过："宝贝，你长大后会成为一名律师。"我疑惑地问："为什么啊？"奶奶回答说："因为你懂得在什么样的情况下说什么样的话。"我们每天都会展开许许多多的对话——有时候甚至几百次。我们都渴望和别人建立联系。这才是真正的沟通。当我们和别人建立起真正的联系，并且对方能理解我们要分享的事情时，我们会很高兴，他们也会很高兴。在这个过程中，我们双方都感受到了一种理解、融洽、亲密的关系。通过沟通，我们可以打破孤立，建立联系，形成和谐的关系。

尽管长大后，我没有像奶奶所说的那样进入律师行业，但是在我的职业生涯中，总要应对各种紧张局势或者冲突。也是经过这些交锋，我渐渐明白我们不应该埋怨冲突的发生，而应该把它看作礼物——一个能带来真正机会的礼物——这个机会让我们可以管理变化，创造新事物，同时治愈和他人之间的关系，让关系变得更好。

我从业多年，接触过许多不同的个体，就职于许多不同领域的组织团体，包括公共教育、劳工谈判、调解仲裁、监狱系统，也做过教练和牧师。这让我有机会去了解许多不同职业的人，其中包括很多知名的检方律师以及个人辩护律师，他们面对冲突时总知道应该说些什么。这些人都是我的老师！他们明白，提升沟通技巧可以帮助解决冲突或者更有效地管理冲突。

我有一些多年的关系，都是在冲突和危机中一步步建立起来的。我们双方在冲突的胁迫下越是紧密，这段关系就越能走得深远。通过学习如何沟通、聆听、表达和分享，我们对自己和对方都有了更高的认识和评价，也收获了新的成果。这一切都是大家共同努力换来的。而这些人，也是我的老师，在此我要向他们表示衷心的感谢！

如何使用这本书

沟通是建立团体的基础，也就是说，我们要相互理解、亲密友好、相互尊重。

——罗洛·梅（Rollo May），美国心理学家

在日复一日的冲突矛盾中，我们学会了新的沟通方式，如何交谈、倾听、反馈、产生共鸣——不管我们是否同意对方的观点。我们明白了——尽管多是在教训中领悟到的——关系很重要！我们可以在生活、家庭、企业、社区和国家等各个领域发展我们的关系，即彼此之间的联系，

哪怕对方在另一个半球。我们可以抛开相互之间的差异，一起解决问题，建立新的相处模式。要做到这些很简单，只要带着一颗包容的心，开展更频繁、更良性的沟通即可。

一定要摒弃过时的沟通模式和固定的思维模式，让自己换个心情，这么做很难，因为这似乎成了一种习惯。这些旧习惯势头强劲——就像重力一样，牵着我们的鼻子走，把我们禁锢住。总而言之，是时候摆脱束缚，养成新的习惯了。

关于解决、管理冲突的书籍或者课程有很多，而我的这本书旨在教给大家一些切实有效的原则、技巧、策略，帮助你在维持现有关系的基础上更好地沟通。其中有的是只简单给你提供大致方向的路线图清单。有的则针对不同形式的冲突，提供了包含重要步骤的解决方案。当然，所有这些都不是强制性的。

有的办法或者箴言被放在“选择提示”里，这意味着它们只是供你选择的！也就是说，在面对冲突时，你是老大，怎么处理是你的选择。选择权是转变冲突的关键，在这个过程中，你个人的创造力和主导性是一切的重心！同时，你也可以向其他人学习，看他们是如何发挥创造力和主导性，从而把冲突转化成创新的机会的。

书中的技巧、工具、策略只为解决不同类型的冲突提供了大致的框架，要想顺利化解冲突，**最关键的还是你自己**。只有你保持清醒、专注，合理分析和评估冲突，并尽快适应，才能取得不一样的结果，有效地管理并战胜冲突。

我们不妨借鉴美国海军陆战队的口号——“即兴发挥，即刻适应，即时克服”。美国海军陆战队在成立初期，只有陆军的旧装备可以用，而且这些装备通常都不符合标准。美国海军陆战队素来崇尚胜利，这时他们也只得即兴发挥，即刻适应，即时克服。

书中那些旨在激发你大脑的创造力、让你的创意源源不断的指导，将引领着你一路向前。谨记，一个头脑清醒的当事人是解决所有问题的关键。我们可以试想一下，当一间屋子里坐满了人，他们头脑清醒，并且为着共同的目标和事业而团结在一起，会是什么局面！

我们身处一个崭新的时代——一个科技日新月异、全球的发明者和企业家们每时每刻都有新创造的时代。但是所有的创造或多或少都依赖于相互之间的协作、联合以及和谐的关系，这些都建立在相互尊重的基础上，也就是说要做到准时出席、积极参与、专注倾听、清晰表达以及对对方观点的充分理解。当今时代被称为“水瓶宫时代[①]”其来有自。这个时代让我们可以平静、和谐地管理变化，创造新的成果，同时让所有参与其中的人受益。

假如生活是一张织布，你在意识的驱使下选择的沟通策略就好比是你选择的不同材质的纱线，

① 水瓶宫时代，古代玛雅人预言的新纪元，标志着人类社会步入越来越文明的新阶段，相对应的是双鱼宫时代。——编者注

也许是棉花、羊毛或者丝绸，将它们编织到你的人际关系中，就织成了你独特使命和道路的服饰。而你的纱线同时也会织进别人的生活中，因为你们同行了一段路。

> 把过去、现在、将来的信息整合到一起，解决方案就会浮出水面……清醒的人永远是解决问题的关键。
>
> ——韦尔农·伍尔夫博士

我不知道你对冲突的本质以及冲突所带来的机会和挑战了解多少，但是这本书并不是包含冲突的各个方面的综合教程。本书的重点是通过一系列典型的例子，教会读者在面临生活中的日常冲突时，如何更负责、更有效地沟通。

在浏览目录的过程中，你可能会发现某些章节的内容正好可以帮你应对你现处的局面。但是，我还是建议你从前言、如何使用这本书和第1章

“了解冲突的三个关键点”开始看起，然后再根据需要跳到其他章节，比如第6章“给予指导的艺术和科学”或者第9章“如何应对别人的愤怒”。

可以把这本书作为个人参考指南，当你需要的时候，就浏览里面的内容。当你面对一些复杂的冲突或任何时候，都可以再看看前言、如何使用这本书和第1章“了解冲突的三个关键点”，这可以让你更加了解冲突产生的原因以及解决冲突所涉及的原则。

> 对工具箱里只有一把锤子的人来说，所有的问题看起来都像钉子。
>
> ——亚伯拉罕·马斯洛（Abraham Maslow）

你可以通过下面的方法，练习如何应对冲突，以便在冲突发生时做好准备，这些方法还能帮助你身边的人了解应对冲突的工具和流程，成功转变日常冲突。

- 如果你正身处某种冲突之中，或者很有可能和某个人发生冲突，回顾一下书中的策略。找一个和自己即将经历的冲突最类似的机会，试着先讲述自己的苦衷、倾听对方的难处、尽量澄清误会，因为这样能维持和谐的关系并有助于冲突的化解。然后再使用书中的策略。
- 在向他人传授解决冲突的策略时，我一般会建议大家自己制作一些迷你的清单，并保存到日期计时器或者日历中，这样在任何需要的时候，你都可以打开看看。如果遇到了冲突，你也可以停下来快速扫一眼这些清单，以便更好地应对。
- 如果遇到身处冲突之中、意志低迷的朋友，你可以随时拿出自己制作的清单和他分享。当一件事情有了明确的结构和条理，甚至就算只是待办事项，我们都会在心理上更加有信心一些，哪怕我们是第一次面对这种情况或者当时的处境令我们害怕。先知道可以做些什么，心里就会踏实多了，然后准备好再采取措施，并根据自己内心的想法适当地调整策略。只要在小纸条上写一份清单，你就能帮助他人柳暗花明。

◆ 如果你在公司或团体中的委员会、董事会任职，请试着和其他成员商量如何决策。可以把一些步骤或者清单分享给其他成员，并跟他们一起展开讨论，看看哪些能帮助你们实现共同的目标或者找出行动的方向。做好选择后就要一起加以练习了！同时，还要对策略的成效进行评估，取得成果也不要忘记和大家一起庆祝！

◆ 有的时候需要所有家庭成员集思广益，一起在家庭会议中做出重要决定。在这种时候，有的行动步骤就会特别适用，不仅能让所有家庭成员受益，还可以增进他们之间的感情。当然，还是不要忘记对成效进行评估，以及和大家一起庆祝！

目 录

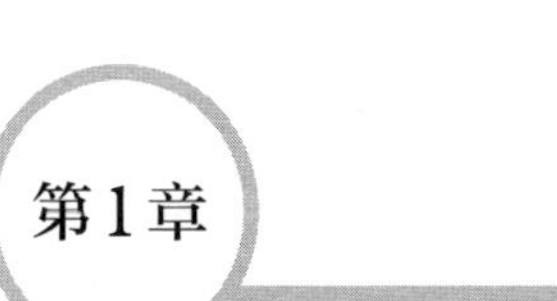

第1章 了解冲突的三个关键点

生命中没有可畏惧的东西，
只要理解它，就能战胜它。

——玛丽·居里（Marie Curie）

你是否觉得冲突极为复杂，不知如何应对？实际上，这种观念是可以改变的。

不同个体由于文化背景、价值观、信仰、目标、需求、渴望乃至态度的不同，对冲突有着不同的定义。我认为以下对冲突的定义十分贴切：

> 冲突是当事者认为他们的需求、利益或者所关心的事物受到了威胁时所产生的分歧。

这个定义告诉我们，冲突代表着人与人之间

的不和谐甚至紧张的局面。冲突和紧张都是很正常的现象，它们都是带来改变和成长的催化剂。但是，冲突和紧张又是不尽相同的两个概念。哪怕你身处紧张的局面之中，也并不意味着你身陷冲突之中，或者即将有冲突发生。

紧张传递着新的信息，可以激发创造力，释放更大的潜能。小提琴的琴弓，之所以能够演奏出优美的乐曲，离不开紧绷的琴弦。如果琴弦松了，毫无张力，乐声也就无从谈起了。琴弓上的弓丝也一样，要时刻保持紧绷。这种紧张到了人与人之间，就会引发冲突。

变化和紧张到底会不会转变成冲突，取决于你怎么看待它们。不论你对它们的看法是好是坏，都是你自己决定的。你既可以把它们看作信使，为你带来新的信息，并抓住这一机会创造更好的结果；也可以拒绝改变，让紧张进一步升级为拉锯战。

在冲突中，我们到底是在保护什么？冲突实

际上揭示了对立方各自的利益冲突。只要个体、家庭、团体、组织乃至国家之间出现争端，我们都可以称之为“冲突”。

了解冲突的本质并学会消除冲突的起因，能帮助我们从一开始就遏制住冲突的咽喉，避免一场恶战。

冲突的三个关键点

抓住下述冲突的三个关键点，能帮你更好地了解冲突的本质，从而简化问题，化解冲突。

1. **冲突源自不匹配的期望**。我们有时候会陷入争吵，然后不欢而散，这究竟是为什么呢？归其原因，还是双方对将会发生什么、事情的走向、从中可能获得的收益以及可能会有的感觉等有着不同的想法和期望。我们的想法会左右我们的期望。

如果有什么事让你失望、烦躁甚至生气，那么你就会期待一些不一样的事情能够发生。而沟通的另一方很可能也因为没有达到期望而烦躁苦闷。

期望到底是什么？它是我们精神上或者情感上的一种态度，是我们翘首以盼的事情，是我们对美好未来的展望。期望不匹配，指的是你的期望和精神上或者情感上的态度不相匹配。这种感觉就好像你的精神或者情感需求没有得到满足，甚至相差甚远。

了解自己的期望很有必要，因为一旦你知道自己内心深处真正的所想、所感，就可以……

- 创造更好的机会，去寻求自己想要的结果。
- 倾听新的观点、信息或其他你闻所未闻甚至从未尝试过的事物，因为它们能帮你达到乃至超出你的期望。

- 找到能帮助你直接达到你的期望或与你的期望非常接近、稍做调整就能帮助你达到你的期望的想法、工具或策略。
- 更加清楚他人跟你分享或展示了什么。
- 更加了解自己经历了什么。

当你发现自己和别人起了冲突时，先问问自己：我想要从中得到什么？很多时候，我们并不知道自己想要的到底是什么。就像那句老话说的，如果你自己都不知道要去哪里，就不可能到达那里。所以要想有效管理冲突，很大程度上取决于你是否了解自己的期望。要了解自己的期望，我们需要自我反省。就像你可以问他人澄清式问题一样，你也可以问自己一些澄清式问题，以便确定你的期望。和自己的内心对话，能帮助你更好地了解自己内心的需求。然后你可以选择设定一些简单的目标，带着这些目标和他人进行沟通。

和别人起冲突时还要问问自己：对方的期望是什么？这么做不管是在思想上还是行动上，都能显示出你是真的想要理解对方的想法。记住，你不必认同对方的想法，只要理解就好。也许在你看来，自己已经知道对方的期望了，但是如果你想真正了解对方的期望，一定要试着问问他们。不妨这样开场："我感觉咱们沟通得不太好。你能不能和我分享一下你想要达到什么期望，我也愿意开诚布公地把我的期望告诉你。怎么样？"

因期望不匹配而引发的冲突很多都可以通过更好的沟通得以化解。和自己的内心对话，同时和对方保持沟通，能帮你更好地理解下面三个要点，从而避免、管理并解决生活中一般的冲突。

- 交谈很重要，这是你参与度的体现。
- 倾听非常重要，这表明了你对对方的关心。
- 问澄清式问题也非常重要，这彰显出你是真的想要理解对方的想法。

不管是上述哪种沟通方式，你和对方都要能做到自主沟通、各抒己见，不要试图控制他人，也不要被他人控制。平等的沟通可以让双方都发挥更大的潜能。掌握这些沟通技巧，能帮助你们避免因期望不匹配而引发的冲突。这些沟通方式是你“冲突兵法”中的基本工具。

> “罗杰（Roger）”的反馈：期望不匹配会引发冲突？我明白了！这个认知让我在各个方面有了很大的改观！太感谢了！

罗杰确实明白了这一点！我们和他一样，

当了解到——或者更确切地说是意识到——期望不匹配会引发冲突的时候，都会觉得如释重负。我并没有什么问题，对方也不坏，我们只不过是期望不同而已。当事双方不妨好好谈谈，共同寻求一个满意的结果。

2. **如果把问题看得很重，而忽视双方的关系，冲突就会愈演愈烈**。当发生冲突时，不管对方是你的家人、同事还是朋友，维护关系都是第一要务。当出现冲突时，一定要先问问自己：在这件事情上证明我是对的到底有没有那么重要，有必要为此损伤甚至撕破我们之间的关系吗？为了我眼中的真理或者信守的原则而毁掉乃至失去一段关系，真的值得吗？

上面的问题都没有统一的答案。询问和回答这些问题的价值在于，明确你自己的期望，这样你就可以在需要时采取相对应的行动。问问自己：对我而言，是不是我们之间的关系比这个问题更加重要？有没有其他办法来解决它？在这种情况下，最圆满的解决方式或最理想的结局是什么？如果你知道自己需要的和追寻的是什么，同时知道如何解决当前的问题才能带来最圆满的结局，你就更有可能把这一切变成现实。

“莎拉（Sarah）”的反馈：感谢您分享的故事和提供的对话模式的范例，之前我都没有想过原来可以这样，只是一味地催眠自己：“这个人（或这件事）不重要。”现在，我不会再眼睁睁地看着一段段关系从亲密无间走向形同陌路，然后充满悔恨却佯装镇定地向前看了。是您的话以某种方式改变了我——虽然具体的措辞我记不清了，但大致意思是“关系远比问题重要得多”。——这给了我很大的启迪。我要听从自己心底的呼唤，去做自己认为对的事情。和曾经那个差劲、无助的自己相比，我能感觉到自己一天天变得更好、更强大了。

从莎拉的反馈中我们可以看出，她面对冲突的第一反应是：自己并没有错，而自己和冲突的另一方也没有那么深厚的感情，这段关系也就没多重要呀。但是哪怕莎拉嘴上这么说，心里也知道这不是真的——对方并不是不重要，她也不是不看重这份感情，如果她一直强迫自己这么想，就会眼睁睁看着又一段关系破裂。

当莎拉意识到这段关系比所面临的问题更重要的时候，自己是对是错就显得没有那么重要了。哪怕自己错了也没有关系，因为在莎拉看来，她可以遵循自己内心的声音，做出正确的选择——为了对方，为了自己，也是为了这段关系。真真正正去做自己认为正确的事情，让莎拉变得更加强大。还要注意一点，莎拉的反馈中这段对我的感谢和赞赏也是一个关于如何开展对话的范例——她知道在这种情况下应该说些什么。

> **选择提示**
>
> 你的每一个选择都可能改变未来。
>
> ——迪帕克·乔普拉（Deepak Chopra）

3. **调节和治愈的过程并不总是没有痛苦**。斯科特·佩克（Scott Peck）在他的《新的世界即将诞生：重新发现文明》（*A World Waiting to Be Born: Civility Rediscovered*）一书中写道："两个或两个以上的人一起完成某项任务时就会形成某种组织，一个健康的组织——不管是婚姻、家庭还是商业机构——或多或少总会出现问题，关键在于要积极主动地寻求有效的方法去应对并解决这些问题……为了解决问题、重获健康的关系，我们就必须经历痛苦……健康是一个持续的过程，经常会伴随着痛苦，它是有机体在能力范围内变得更强、更好的过程。”

不妨把佩克的这个比喻扩展一下，有的时候我们会把身体的疼痛或者炎症当作疾病或者问题，但事实上，炎症是身体治愈过程中不可或缺的一部分。我们能够得到治愈正是因为这些疼痛或者炎症，没有它们不行。就好比当我们身体受伤时，受伤的地方会发炎——红肿或者摸起来会疼痛——这是因为身体中的血液都急速汇集到这里，为伤口愈合带来所需的营养物质和成分。同理，冲突也会让我们了解到新的信息——一些以前没有注意到的信息，并且会帮助我们汇聚所有可能的资源，从而找到可能的解决办法。一味地拒绝这种不适或者疼痛并不能帮到我们，对我们自己以及我们的关系、组织乃至国家都百害而无一益。

不管我们身处何处，是孤身一人还是有人相伴，成为最好的自己都是我们永恒的追求。

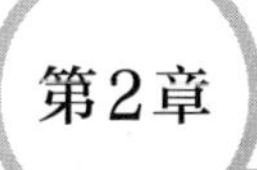

第2章

选择的力量

有的事情可能让人很难做出选择，但这并不意味着无解。当你说自己没有选择的时候，实际上是在为自己开脱责任，正直的人绝对不会这样做。

——派崔克·奈斯（Patrick Ness），
《兽与人》（*Monsters of Men*）的作者

当一个人感觉被剥夺、被迫害的时候，通常也会伴随一种无力感，觉得自己毫无影响力，不可能有一番作为。同时，他们还感觉得不到任何人的关注。而他们将自己之所以这样归结于自己受他人摆布，或者根本没有别的选择。你有过这种感觉吗？

扩大选择权、决策权或者影响力，就能激励人们努力摆脱自己的无力感，相信自己能够胜任，然后在这个基础上取得成果。

教育、培训以及指导的前提是帮助他人发掘

自身的潜能、利用自己得天独厚的聪明智慧，从而更好地应对生活中的各种情况。

你也可以选择

我们可以这么告诉自己，也可以用这句话提醒我们要帮助的人：你也可以选择！通过提供选择，不仅可以激励自己和要帮助的人，还能让我们摆脱内心的紧张和慌乱。

比如，你可以给孩子提供同样稳妥的两个选项，让他们选择最适合自己的，从而了解自己的潜能。通过选择的练习，能够帮助孩子成长，让他们认识到：任何时候我们都是有选择的，每一个选择都会带来一定的结果（有时候有的选择还存在着一定的风险）；而这些结果，也会影响他们接下来的选择。

当我们习惯了自己去创造选择的机会的时候，

就算偶尔碰上父母、组织或者雇主不允许我们选择的情形，我们也不会觉得特别的抵触或者不公平。

在决策过程中，主动地参与和融入能帮你把那种无力感甩到一边。例如，哪怕是在制定某些界限或者规则的时候，也可以给每个人两到三个选项，并让他们自己决定要执行的选项。也许在某些情况下，我们不能充当决策者，但在决定之前表达自己的想法，也相当于扩大了自己选择的权力。

在某种程度上，我们每个人都是监管者——不管是在家庭里（作为父母或者哥哥姐姐），还是在工作中，或是在训练宠物时，特别是在监督和管理自己以及我们在生活中的选择时。如果你是某个组织的主管领导或雇主，那么你一定要明白，在很多人看来，控制是一种监督或行政职能。如果一种控制较为宽松，并且能尊重人们基本的安全、效率、成就感和归属感需求，那么这种控制通常是能够为人们所接受的。然而，如果一种控制是强加的服从，人们就会加以抵抗。

尽管面对严重的后果或者诱人的奖励时，很多人会选择服从命令，但一个有远见、够开明的领导或者主管还是会努力增进和下属的合作，合理地提供可以选择的机会，增加下属的主动权。

选择提示

我们有两个选择：继续因为自己的压力而埋怨整个世界，或者勇于承担责任并尝试改变我们的消极情绪。

——奇尔德（Childre）博士及霍华德·马丁（Howard Martin），共同著有《心智算数解决方案》（*The HeartMath Solution*）

第3章

寻求谅解并原谅他人

请相信，如果你知晓一切，就能原谅一切。

——托马斯·厄·肯培（Thomas à Kempis）

原谅和选择一样，是管理和解决冲突的行之有效的工具。原谅同时还承载着许多我们过去的经历和期许。

记忆不仅存在于我们的大脑中，还印刻在我们的每一个细胞里，并一再给我们的生活带来涟漪。如果总是让消极的情绪占据着自己，不愿意原谅他人，也不接受他人的谅解，只会给自己带来身体的不适，甚至引起疾病。这种细胞记忆是我们在日复一日、年复一年的有意识的选择中形成的。如果我们不能或不愿原谅他人，总是沉浸于自己的感觉、情绪乃至压力之中，这些消极的情绪只会越来越强烈。

打个比方，如果我们沉溺于某种负面情绪，就好像在文件夹里添加了一个文件。随着文件（负面情绪）的增多，文件夹也越来越厚。这个时候，如果要找其中一个文件，就要从整个文件夹里去找，也就是说，我们要同时面对多种情况和很多负面情绪。

这么看来，选择原谅无疑是给自己选择了一条最明智的道路。当我们选择了原谅，就可以把羁绊我们的东西转变成对自己、对他人的无限可能。

有的人可能会把原谅和自己的宗教信仰挂钩。我们相信上帝和神灵已经原谅了我们，而我们也要从心底里去原谅他人。有的人认为原谅是我们应该且必须要做的，也是他人对我们的要求。换句话说，我们觉得自己别无选择。就像我们之前讲到的，这种想法会引发不同形式的抵抗。实际上，你是有选择的。所以你大可不必感到无助、抗拒或愤怒，你可以转变自己的看法，我把这个叫作“开明自利”。

原谅就是开明自利

在真正的意识世界里，所有的人和事都是相互联系的，这种联系可以被称之为“心脑协调（heart coherence）”。美国心脏数理研究院（Institute of HeartMath）对心脑协调进行了多年的研究，并在全球范围内开展了如何实现心脑协调的培训。以下关于“心脑协调”的定义摘自美国心脏数理研究院官网：

> 协调，指的是包括人体在内的所有系统的各个组成部分之间有逻辑、有次序、相和谐的一种联系。这和物理中讲的相干态

（coherent state）差不多，当我们体内的所有器官都协调一致的时候，几乎没有能量会被浪费，因为不管是心脏、呼吸系统、血压节律，还是心率变化模式等，都在以最优的方式同步运行着。我们所说的心率协调，指的是平稳、有序的心率模式。心率协调能带来的好处有很多，包括：让我们内心平静，更有活力，头脑更清晰，免疫系统也能更好地运行。

我们每个人都可以实现心脑协调，而且在维持这种状态的情况下不断提升心脑之间的协调性。想达到这种状态，捷径之一就是有意识地引导自己保持积极的情绪——同情、关心、爱等。反之，当我们深陷愤怒、恐惧、焦虑等消极情绪中时，我们很快就会丧失这种协调。想了解更多关于心脑协调的信息，可访问美国心脏数理研究院官网：http://www.heartmath.org/faqs/research/research-faqs.html。

哪怕只是一些简单的举动，像让自己冷静下来、把手放在你的胸口、保持平稳的呼吸、经常有意识地去回想或者体会欣赏、感激、爱、同理、关心等积极的情绪，都能帮你快速实现心脑协调。

在冲突中，提升自身的心脑协调能力可以帮助你提升对方的心脑协调能力。如果你能把冲突中的负面情绪转化成对对方的理解、感激和欣赏，就更有可能解决冲突。

选择寻求谅解或者在他人请求谅解时大方地原谅对方，都能促进心脑协调。如果你也认同我们是相互联系的，那么原谅就是我们生活中一个不可或缺的工具，能帮助我们和谐共存，同时很可能改变我们的未来。

如何通过原谅开始转变冲突

我们所讲的原谅是在你可掌控的范围内，对

自己的期望和行为进行调整。原谅并不是让你妥协、放弃或者当个受气包。原谅不是一种感觉，也不是遗忘。遗忘是指一件事情随着时间的流逝慢慢在记忆中变得模糊，是一个消极被动的过程。

原谅是一种需要意志力的行为。有的时候，虽然我们决定原谅了，但还是需要一遍遍地提醒自己这个决定，不断练习“假装原谅”，直到我们真正做到原谅。

面对曾经伤害过你并给你带来痛苦、损失或者压力的人，当你选择原谅的时候，实际上是做出了一个决定。这和遗忘不同，是一个主观积极的过程，主要包含两个方面——有意识的选择以及清醒的行动计划。清醒的行动计划需要你从一系列具体、合适的行为中进行选择。原谅的具体步骤如下：

1. **选择原谅**。选择原谅后，当对某种情况的负面想法和情绪再次出现时，要温柔地告诫自己，对自己的决定要保持坚定。像大人引导孩子那样（可能你的内在小孩还是觉得很受伤，想要报复），温柔坚定地提醒自己，你已经选择了原谅。你可以告诉自己："我不想再在这件事情上纠缠了，我已经决定原谅这个人（或放下这件事）了。"就这样温柔地提醒自己做过的决定，然后选择合适的行为表示自己的谅解。

2. **思考什么是合适的原谅行为**。一旦你想好了要选择原谅，就要明白，应该怎么做、怎么说才是原谅，原谅会带给你什么感受，原谅之后会怎么样。可以给自己写一个清单，里面包含具体而合适的原谅行为，帮助你不再去想、去感受可能让你再次陷入冲突的任何事情。清醒的行动计划可以包含下面的内容，你也可以根据自己的情况适当添加：

- 忽略或原谅受过的伤害。

- 在处理差异的过程中，要对自己学到的或者获得的东西心存感激。
- 不要和无关人员抱怨。
- 不再怨恨，并且一遍遍地和自己以及身边信任的人重申你选择放下的决定。这么做也能帮你把想要报复或者惩罚对方的想法扼杀在摇篮里。
- 当意识到自己为某件事烦恼或者抱怨的时候，可以打个响指或者拍下手。这是一种信号，告诉自己的大脑："不要再想了！"然后有意识地去想一些你愿意想的事情。
- 不要把这次冲突作为武器，去伤害他人，要摆脱它的影响，以免让它在今后阻碍你们的关系。
- 尽量免除或者取消别人欠你的任何债务或者应该向你履行的任何义务。
- 正视自己的怒火，仔细体会自己的心情，从而发现情绪背后新的信息，把负面情绪转化成正面情绪。

- 多想别人的好，多讲别人的好。
- 进行心脑协调训练，提升心脑协调水平。
- 让自己的心智和理智结合起来，以便在日后面临冲突时，可以有更多的选择。

寻求谅解并表示歉意

原谅能清除阻挡光明的大树！

——佚名

如果你伤害过某个人，想要寻求对方的谅解，你应该怎么想、怎么说、怎么做？这需要你承认自己的错误，并为自己做的事、说的话真诚地道歉，表示忏悔。

承认自己的问题其实也给你带来了新的机会，能帮助你尽可能地把损害降到最低。寻求他人谅解并道歉的时候，要努力弥补自己给他人造成的伤害，这就是补偿。

当今，美国许多州的法院系统都要求原告先在小额索赔法庭[1]进行调解。训练有素的志愿调解员会提供免费的服务，在自愿的前提下，帮助当事双方达成一致。调解工作最基本的内容之一就是，针对已经发生的事确定合适的、双方都能接受的补偿。

以下是一些在认错、道歉、忏悔时需要做到的事情：

---

① 小额索赔法庭（small claims court），最初出现在二十世纪六十年代，主要是为了方便民众依法解决小额钱财纠纷的，如果原告的索赔金额超过规定的上限，则由民事法庭受理。上小额索赔法庭打官司，并不需要律师，不过如果原告或被告觉得有必要，也可以请律师代理。与一般民事、刑事法庭不同的是，小额索赔法庭没有陪审员，直接由法官审判；如果被告拒绝接受传票或出庭，法官可以直接缺席审判，结果大多有利于原告。在许多情况下，被告知道被原告起诉后，常常会主动与原告接触，寻求庭外和解，而法庭也鼓励双方采取庭外和解的方式，尽量避免开庭审判。——编者注

◆ 向所有受到影响的人表示歉意。

◆ 一定要表明自己的态度和补偿行为。

◆ 避免模棱两可或者自相矛盾的表达，不说“如果、但是、可能”之类的话。

◆ 道歉时要表现出自己的悔恨和歉意。

◆ 接受可能的后果，愿意进行补偿。

◆ 明确提出希望得到对方的原谅：你可以/愿意原谅我吗？

◆ 不管对方是否接受你的道歉，都要改变自己的态度，纠正错误的行为。

尽管我们从孩童之时起就知道要为自己做错的事情道歉，“对不起”这三个字还是很难说出口。父母一直在教我们什么是得体的言行，我们也一直在学习，但是大部分人即使意识到自己做错了事情，还是很难道歉。

说到成年人不愿意道歉的理由，恐惧通常位列榜首。可能道歉就代表有罪，甚至要承担法律后果。可能我们担心“对不起”三个字一旦说出口，对方就会没完没了。也可能被伤害的人不相信我们知道错了，拒绝接受道歉。那我们该怎么办呢？

选择提示

你唯一能改变的人就是你自己……如果你认为只要别人改变，一切都会好起来，你就处在一个弱势、被动的境地。

——托马斯·克鲁姆

如果真有人拒绝接受你的道歉，那么大可不必花费功夫说服对方，也不要试着去分析他为什么不能原谅你的心理，这对你们都没什么帮助。不要因此怀有戒心或者评判对方，最好的应对方式就是用轻柔的语气告诉他：“我很遗憾你这么说，我真为自己做过的事情感到抱歉，也尊重你的决定。虽然你现在不能原谅我，但是以后如果你想谈谈，我随时欢迎。希望有一天咱们都可以冰释前嫌，重新开始。”这种应对方式彰显了你正直的人格，同时尊重了对方的决定，再次表达了你的歉意和懊悔，为以后的和解埋下了伏笔。

一定要抓住补偿的机会，满足对方的要求。坚定自己的选择，及时改变自己的行为和态度——然后向新的生活前行！如果你有宗教信仰，那就去信靠它，通过祷告祈求原谅，让双方化干戈为玉帛。

在人类历史的进程中，有些个体或者群体曾遭受过巨大的伤害，而且情况相当复杂。这样看来，有的方法似乎过于简单，不能适用。实际上，原谅他人和接受他人的谅解都是非常个人化的经历。

在冲突面前，尝试改变对方是不可能解决问题的。想要减轻痛苦、放下包袱、达成和解，必须从改变自己开始。

这就是说，你要改变你的想法、感受乃至一

言一行。通过改变个体的意识状态，可以给你的生活带来不同的转变，甚至改变并提升人类的集体意识。原谅能毫不费力地帮你理清思绪。

> 真诚的谅解不附带任何条件，也不强求对方道歉或者改变。不要担心对方最终是否能理解你。爱他们，放过他们。生活会用它自己的方式在合适的时间向人们回馈真理——正如它对你我所做的一样。
>
> ——萨拉·帕蒂森（Sara Paddison），《心的潜能》（*The Hidden Power of the Heart*）的作者

思考

回顾一下上述合适的原谅行为。如果你想到其他能够帮到你的合适的原谅行为，也加入清单里。再从里面选出一两个，集中精力加以应用。从今天开始，让你的内心焕然一新吧！

第4章 帮你在冲突中处理历史遗留问题的七个妙招

不懂历史的人注定要重蹈覆辙。

——埃德蒙·伯克（Edmund Burke）

在有效管理冲突的过程中，最大的障碍可能是你的过去。有句话说得好：“所有的冲突都超越了当前的事件，是历史遗留问题的产物！”在形形色色的关系中，不管是相互沟通、建立新的关系，还是管理冲突，你和对方都逃不过自己的过去。所以我们不妨像学习历史一样，先去了解我们过去的经历，看看它曾引发过什么样的冲突，以免日后重蹈覆辙。

我们的行为模式取决于我们对发生在自己身上的事情的认知以及自己与他人连接的方式。大多数人在期望没有得到满足的时候，和对方谈判时都会想着如何最大化自己的利益。当我们感受到彼此利益的对抗和纠缠时，冲突便产生了，这也会影响我们如何看待对方，以及我们给对方留下的印象。

七个妙招

1. 要记住，所有人（包括你自己）都没有你想的那么善良。我们都倾向于美化自己对自己或他人的意图。可以试想一下，有多少次你给自己的行为找好了理由（或简单或正当），并且一旦有人对你有任何质疑，你就随时准备好甚至迫切渴望解释一下自己的行为以及这么做的原因。
2. 要明白，人们往往会夸大对手的邪恶程度。就像我们希望别人不要对我们抱有偏见一样，我们也不要对他人抱有偏见。这么一来，你就不会无谓地消耗自己的精力，也有利于对方做出对你、对他都更好的举动和选择。

3. 要了解，困扰着你的问题不一定困扰着别人，他们不会像你想的那样，花大把的时间在这上面纠结。当你因为冲突而纠结不已时，别人甚至可能都注意不到，因为他们毕竟不是你，没有牵扯其中。
4. 要知道，冲突很多时候会衍生出其他恶果，但这不是谁冷血地算计出来的。对方可能对发生的事情没有任何预谋，甚至可能不认为有必要达成共识。
5. 要相信，大多数行为都出自积极的意图，而不是消极的意图。大多数人都不会故意伤害别人或者给别人和自己找麻烦。很多时候，我们冒犯或困扰到别人，自己却毫不知情。同时要意识到，所谓的积极意图其实往往出自我们照顾和保护自己的本能。

6. 要懂得，过往的经历让我们形成了怎样的行为模式，而这些行为模式又是怎么影响我们现在的认知的。所有的冲突都超越了当前的时间限制，和我们的历史有关。我们过去和别人的关系塑造了现在的我们。如果在之前的关系中，你受到过伤害，遭受过损失，一定要警惕，千万不能觉得，现在或者以后接触到的人也会对你抱有相同的动机、意图乃至行为。
7. 如果前六个妙招不好记，不妨去自己的精神"阳台"待一待，这里能让你看到不一样的风景，也能帮你重新审视你和他人之间的互动。这里的"去阳台"，实际上指的是跳出问题本身，在更高的层面上纵览全局，看到问题的全貌。任何时候，你都能再次做出选择，你的选择也会带来不同的能量场，引导他人跟着重新选择。

选择提示

记住，如果你不觉得被冒犯，也就不需要去反击！

——伊丽莎白·C. 普弗特

（Elizabeth C. Prophet）

思考

你不妨在这里稍做停顿，在脑海里回顾一下这七个妙招。把手放在胸口，让自己平稳地呼吸。然后重新读读这七个妙招，看看哪些能引起你的共鸣。把能引起你的共鸣的几个妙招单独记下来，并把这些积极的行为添加到第3章中制作的原谅行为清单里，用于指导自己，有意识地做出合适的行为。

第5章 冲突中要避免的五个错误

我们不能用导致问题的方法来解决问题。

——阿尔伯特·爱因斯坦（Albert Einstein）

在有效管理冲突的时候，有很多建设性的策略和方法。但是知道解决冲突过程中可能出现的陷阱，防患于未然，同样很重要。

如果你足够了解冲突的前兆和后果，就能更成功地应对冲突，找到内心的平静。冲突起初大部分是源自一些小的矛盾，是当人们之间的期望不匹配的时候产生的。了解冲突的前兆，就能避免犯一些错误，让它们不能出来搞破坏。

要在冲突中安全有效地避免这五个错误

1. **漠不关心**。漠不关心是一种错误行为，一定要了解冲突的前兆和后果，以便你对其进行跟踪和监控。提升自己对冲突的前兆和后果的注意力，能让你更有效地保持主动。同时，要真心诚意地对冲突影响到的人和事表示关心。你的参与和关怀也能促进对方为解决问题而努力。
2. **往坏处想**。所有的冲突都不仅限于现在，往往和过去有着千丝万缕的联系。“往坏处想”就是容易看到最坏的情况，庸人自扰。就好比一个人看别人讲的故事很恐怖，就想讲出更加恐怖的故事。我们要在冲突中找到共同的立场，一起解决问题，而不要一起沉入苦海。
3. **让冲突决定或者改变你的计划**。如果你想更有效地应对并解决冲突，就要去做当下重要的事情，并考虑让其他人处理紧急的事情。因为，一个想有效管理冲突的人要把注意力放在双方的共同立场和美好意愿上，也要让其他人参与进来、共同承担责任。你要做只有你才能完成的事情。总是会有事情来分散你的注意力，尽管它们看起来很紧急，但是这些事情让别人来做也能完成得很好。

4. **劳心费力去争权夺势**。权力和权威之间存在着某种重要的联系——当你赋予别人权力的时候，实际上更能彰显自己的权威。权力往往让人觉得是强制性的，而权威则不同，它能凸显别人对你的尊重。如果你不想浪费时间，就不要花时间争辩。如果你不想错失解决冲突的良策，就不要跟别人剑拔弩张。要对自己的想法和感受负全部责任，而太在意对方的情绪则会导致你在冲突中败下阵来。

5. **被他人的投射误导**。对很多人来说，投射是一种情感释放，很多时候人们会把自己的不足、弱点以及动机投射到别人身上。在冲突中要避免使用诸如“你们这些人”“所有人都说”“他们”“其他人”这类暗含指责或泛化的词语。要创建一个安全的环境，让他人可以自由而清晰地表达自己，而不必彼此猜来猜去。

思考

和之前一样，停顿一下，仔细回顾上面讲到的五个错误。哪些会在你内心产生某种程度的共鸣？把它们记下来，这样当它们在你和他人之间的冲突中初露端倪时，你就可以更敏锐地意识到它们，从而及时避免自己犯这样的错误。

第6章 给予指导的艺术和科学

指示是一种操作说明。
指导是一种方向指引。

——西蒙·斯涅克（Simon Sinek）

给予指导是为了帮助所有参与者明确方向，增加信心。它还可以减少疑虑，有序地指引大家为取得成功创造最大的机会。好的指导也可以降低冲突发生的可能。

在我四十多年的教育和学校管理生涯中，我曾千百次仔细地观察过身边的老师和学生，不管是在教室、图书馆、操场，还是食堂。我目睹过很多老师在和所谓的问题学生的交锋中，是如何败下阵来的；也发现很多时候，我和学校的其他行政人员会仅仅因为教职员工不能或不愿如我们期望地去行事，就抱怨他们的处事方式不够成熟。

老师的职责之一就是要对学生予以指导。虽然老师们每天都要一遍遍地指导学生，但可悲的是，很多老师从来摸不到其中的诀窍，不知道如何正确地指导学生。

在当小学校长前的那个夏天，我有幸能够到加利福尼亚大学洛杉矶分校（University of California, Los Angeles，简称UCLA）的小学教育研究生院参加培训，接受玛德琳·C. 亨特（Madeline C. Hunter）博士的指导。也是通过这次培训，我学到了我在教育生涯中学到的最有价值的策略。

这个策略就是“给予指导的艺术与科学”。我把这个策略分享给了学校里其他的老师，亲眼见证那些挫败的老师和不服管教的学生都奇迹般地发生了转变，工作和学习效率也跟着提高。当整所学校的教职员工都懂得如何高效地给予指导时，整所学校的人——从教职员工到学生——都更有成就感了！而我也得到了极大的解脱，校长办公室的是非变少了，因为犯错告状的情况变少了。

在此之前，教职员工在指导学生时是没有太多思考和计划的。这样只会引起混乱，适得其反。教职员工试图力排各种干扰，好让学生将他们的话听进去，而学生在教职员工指导他们的时候却仍然继续自己的聊天或者活动。这样一来，当轮到学生按照老师的指导去做事情的时候，他们完全不知所措也就不足为奇了。他们聊天、说笑，佯装自己都明白了，或者不停地举手询问。最后的结果就是，教室里一团糟，学生没学会，老师很受挫。这时，我们通常会指责学生做得不好，给老师造成了困扰，但这样的责备是错误的。

最可悲的是，这种情况不仅仅出现在课堂中，在老师和学生之间。每当有人想要协调或调动一群人努力去达到某个目标的时候，就可能出现上面的情况。领导者或者主持人一直费力地在嘈杂、喧闹的环境中讲话，真正想听的人却听不到，只能一遍遍地询问该怎么做或者干脆放弃。这样下去的结果往往不尽如人意或让人难以接受，因为直到截止时间也不能达成目标。

如果你的工作需要经常和他人协作，学习如何有效地给予指导能让你受益匪浅。我已经记不清有多少次和别人分享过这个可以提升沟通效率、减少疑虑并让每个人都更有可能获得成功的工具了。

如果在你指导他人完成工作时对方有不明白的地方，请不要责怪他们听得不认真，先想想自己哪里做得不好。在制订指导计划以及传达指导内容方面，你做得如何？通过有效地制订指导计划并落实指导内容，你可以更成功地对别人予以指导。

给予指导的艺术和科学[①]

给予指导主要包括两个步骤：制订指导计划

① 本节内容改编自玛德琳·亨特博士在加利福尼亚大学洛杉矶分校教育学院的教师培训。——作者注

和落实指导内容。制订指导计划和落实指导内容一样重要。

不管你是团队领导，还是老师或主持人，只要你不断练习运用以下方法制订指导计划和落实指导内容，慢慢地你就不用总是这么费力了，因为这会成为你乃至你的团队的一种习惯。如果事情的发展有哪里和你预想的不一样，先不要急于指责其他成员，而是想想自己的指导方法是否妥当有效。所有人（包括学生）都想把任务做好、做成。让他们有个好的开始，你也可以跟着顺心。

制订指导计划

指导的数量

- 一般要求：哪怕对方是成年人，一次也不要给予三个以上的指导。
- 在指导的过程中，一次只给一个新指导。（也就是说，其他两个指导是他们已经练习过或者成功操作过的。）

指导的顺序

◆ 指导过程要根据操作顺序依次进行。（能听出先后顺序。）

◆ 可以用手指示意。每讲一个要点伸出一根手指。（伸出的手指数要和你所说的要点顺序保持一致。）

指导的方式

◆ 可以在实际需要或适当的时候，既讲出每个要点，也做出书面说明。

◆ 如果操作步骤很长且比较复杂，就把它们写下来。

◆ 如果只有一个人要完成这项任务，就把操作步骤写下来。

◆ 如果经常需要讲到某个内容，就把它写下来并张贴在显眼的位置。这样一来，如果再有人问领导者这一点时，领导者就不需要分心去指导这个人了，只需让他去看一下张贴的书面指导即可。

- 你也可以把指导做成书面说明，发给在座的或者工作中的每一个人，这样他们就不用走来走去了。
- 有的时候，还需要你根据要点做示范，让他们看明白你是怎么做的。

指导的时机

- 活动开始前再进行指导。指导到实际操作之间的时间间隔过长，会让人感到混乱，从而降低成功率。

因材施教

- 有的人需要额外的指导。一定要到处转转，以便了解参与者的完成情况。在他们的工作区温和地进行一对一指导。你也可以告诉他们如果有不明白的地方可以举手示意，然后再到他们身边予以帮助。

落实指导内容

吸引注意力

- 在给一群人指导之前，先使用某种信号吸引所有人的注意力。不要在他们的注意力还在被其他事物吸引的时候就直接开始指导。
- 你可以通过开关灯、摇铃、敲钟作为信号，可以借助“该我了”之类的语言进行暗示，也可以以特定的节奏击掌来吸引大家的注意力。如果屋里正进行着某项活动，十分嘈杂，你可以把手举高并要求看到的人也马上把手举高。直到所有人都收到你的信号安静下来，你就可以进行下一步指导了。

进行指导

◆ 根据你慎重、缜密的计划，按照顺序进行指导。

检查对方的掌握情况

◆ 每次在让个人或者团队开始操作之前，都要了解他们是否已经掌握了具体的步骤。可以通过问问题的方式了解他们的掌握情况，比如："一共有几个步骤？第一步是什么？第二步是什么？"

◆ 如果有人对哪里不明白，不仅要重申一遍具体步骤，还要演示一下，然后再检验大家的掌握情况。

◆ 如果可以的话，再示范一遍。

◆ 提醒参与者等你示意"开始"之后再开始操作，以免在还有人没搞明白的时候，其他人就已经离开座位开始行动了。

开始行动

- 让参与者知道，在你没有示意“开始”之前，先不要开始行动。
- 发出信号（比如说一声“开始”），再让大家按照指导开始操作。

及时补救

- 只要有人还不完全明白，就再详细指导一遍。
- 跟踪大家的掌握情况，看有没有人在操作过程中需要帮助或者中途忘记了具体步骤。

我们一起来看一个让人混乱的指导示例。有一个领导者召集了十名成年志愿者，要他们把一些物资给城里的一些行动不便、被困家中的老人送上门。这个领导者在指导志愿者如何上门分发物资时说：

> 进门前一定要敲门或者按门铃。如果直接

走进去很可能把屋里的老人吓一跳。不要放下东西就走，最好和他们聊聊，但也别待太长时间，因为你还有很多包裹要派送。在我们离开某一户老人的家之前，一定要确保地址是正确的——对了，收工前还要核对一下收件人名单，看看有没有落下的。现在，大家可以去办公室的工作人员那里领名单了，别忘了再检查一下你要送的包裹，看看每个包裹里的物资是不是要送的那一户老人的。好了，我们开始吧。这些包裹可不能延误啊。

现在回顾一下我们在本章中讲到的内容，再想想这个领导者可以怎样提前制订指导计划，并制作好书面说明，发给每一名志愿者，以供他们使用。待所有志愿者都按时来了，领导者可以一边发放书面说明一边邀请大家坐下，同时开始讲解上门分发物资的步骤。她可以这样说：

秘书已经把大家今天需要送到的老人的姓名、家庭住址和具体物资都整理成一份收件人名单了。每个人需要送五个包裹，你的收件人名单订在这张书面说明上。

请检查一下你拿到的收件人名单顶部是不是有你的名字。有没有人没有拿到写着自己名字的收件人名单？如果你拿到的收件人名单上没有你的名字，请举手示意。（停顿一下，看看大家是否听明白了。）

请浏览一遍收件人名单上的地址，如果有哪个地址你不知道在哪儿，请举手告诉我。（停顿一下，看看大家是否听明白了。）

大家出发之前，我再重申一下咱们行动的三个要点：

> 第一（竖起一根手指）：找到你的五个包裹，上面分别写着你的收件人的

名字。

第二（竖起两根手指）：把每个包裹都打开检查一下，看看物资是否齐备。如果哪个包裹里面少了什么东西，请告诉我们的秘书，她会帮大家把少的物品放进去。

第三（竖起三根手指）：确定没有少东西之后，把自己负责派送的包裹搬到自己的车里，然后再回到这里，我们会进行最后的说明。

好了，我们刚才讲了几点？（没错，一共三点。）

第一点是什么，谁能告诉我们？（找人重复一下，然后问其他人："他说的大家都同意吗？有没有谁不同意？"）

谁能告诉我们第二点是什么？（再重复一

遍上面的步骤。)

第三点是什么?(再重复一遍上面的步骤。)

很好，做完这三步后请回到这里。(等所有人都检查好包裹并装到车上回来之后，再继续讲书面说明上接下来的要点。)

我们再来讲讲，在和这些老人寒暄和交谈的过程中，需要注意些什么:

第一，一定要先敲门或者按门铃，得到允许之后再进去。如果没有人应答，或者你觉得有什么不对劲，一定要第一时间掏出手机给秘书打电话(电话号码在这里)。她会告诉你接下来怎么做。

第二，和收件人问好。一定要友善，并面带微笑。把包裹放在桌子上或者其他安全的地方，方便老人拆开包裹。聊天时间不要超过五分钟，这样才能在计划时间内送完所有包裹。

第三，送完五个包裹后，打电话给秘书（电话号码在这里），报告投递完毕。然后，你就可以自由行动了。

（询问大家有没有问题。如果所有人都准备好了，向他们的奉献和服务表示感谢。面带微笑地送志愿者们去分发物资，叮嘱他们“注意安全”，并再次表示感谢。）

思考

这个方法能帮助你组建团队，我强烈建议你学会这个方法，并将之付诸实践！可以简略写出这个方法的框架并复印出来，随身携带，当别人需要时和他们分享。有它的加持可以帮助他们取得成功。时刻准备及时地帮助别人达成合作并完成目标，他们也会对你心存感激。

第7章 解决问题的基本步骤

真正的问题并不是有问题存在，而是寄希望于没有问题，并认为有问题就是问题。

——西奥多·鲁宾（Theodore Rubin）

觉得有问题是个问题，就已经预先认定了问题等同于冲突。和他人合作，是有效解决问题的诀窍。

通过相互协作解决问题，增大了建立更加稳定的关系的可能，创新了解决问题的方法，同时更能激励我们付出行动。有的时候这样做会花费很多时间，所以这并不适用于所有情况，但有时解决问题是管理冲突的最佳方式。

基本的关键步骤

1. **认识到问题的存在**。如果两个人之间存在问题，就约个时间，在某个地方见一面。如果问题关乎其他人，领导者或者主持人就要带领大家正视出现的问题，并努力解决问题，即选择下面合适的步骤。
2. **把受问题波及的关键人员召集起来**。这是非常重要的一步，以便组团攻克难关。
3. **定义存在的问题**。可以先从一个人开始展开讨论，其他人再进行补充，直到大家对当前的问题有了明确的定义和认知。
4. **描述整个问题的各个方面**，每个人都发表自己对问题的看法，并在合适的时候告诉其他成员，这些行为对你以及你的感受产生了怎样的影响。团体中的每个人都需要有足够的时间站在自己的角度表明自己的想法。
5. **积极倾听**他人的想法并加以理解，有不明白的地方就要问出来。

6. **澄清**每个人对问题的看法。这一步也是为了了解团体中每个人对当前形势的认知有什么不同。当问题越来越清晰时，解决方法也会跟着浮出水面。

7. 如果问题仍然存在，那么就**总结一下每个人的需求**，并在协商一致的情况下，按照下面的步骤一起解决问题。

解决问题的步骤

1. **头脑风暴**。每个人都出力，想解决问题的方案。不带任何的评判，一视同仁地写下每个人的建议。现在不是指出哪些建议行不通的时候。当务之急是要把所有的建议写在纸上或者白板上，让大家都能看到。

2. **为“什么是好的解决方案”设定标准**。解决问题的方案必须有一定的标准。

3. **对每个人在头脑风暴过程中想到的解决方案进行评估**。和刚才设定的标准进行对照，看哪些解决方案更有可能满足期望的需求或者取得想要的结果。把不符合标准的解决方案删掉。找出潜在的解决方案。
4. **选择一个解决方案**。可以简单地通过投票决定。最好不要区分孰对孰错，如果可以，尽量让所有人达成共识。看一看第13章的“‘拳头五指表决’的步骤”这一节。如果没有合适的解决方案，则重新总结每个人的需求，改良评估的标准。然后再从头脑风暴这一步开始，重复上述解决问题的步骤，找到潜在的解决方案。
5. **形成行动计划，并实施解决方案**（其中包括有谁、要做什么、在哪里、什么时候，以及需要哪些资源）。可以参考附录A中的示例。
6. 确定一个时间来**评估行动结果**。

思考

不管是两个人之间、家庭成员之间，还是组织或者团体内部出现的问题，都可以用上面的步骤来解决。在解决问题的过程中，你的创造力至关重要！同时要记住，当前形势下的任何一方，都有他独特的见解。要集思广益，接纳各方面的意见。

第8章 如何做出艰难的决定

我们每天开、关的每一扇门，
决定了我们的生活。

——弗洛拉·惠特莫尔（Flora Whittemore）

我们的生活是由数十亿乃至千万亿个决定组成的。在整个人生过程中，我们到底做过多少个决定，可能根本无以计数。每时每刻都在做决定的我们，可能在做决定的时候，自己都没有意识到。这些决定成了我们生活中的日常。早餐要吃什么？是今天去给车加油，还是明天再去？今天是走楼梯还是坐电梯？是现在去取信还是过几个小时再去？想要绿色的还是蓝色的？

当氛围变得紧张、有摩擦或者相互推拉的时候，做决定就变得困难了。也正是这种时候，我们开始察觉自己身处冲突之中。不知为什么，仅仅是想到“冲突”这个词，我们就更能意识到我们做出的决定会影响到自己和他人，并带来不同的结果。要注意的是，有的决定对你很好，对我就不一定了；而对我来说很难决定的事情，对你来说也许很容易。

我们的过去塑造了现在的我们。所以每个人都会做出非常个人化的艰难决定，而且这种个人化是有必要的——由你决定！可以把下面的步骤当作总体指南，然后根据自己在生活中要做的每个决定，适当地进行调整。这些步骤并不是一成不变的。任何时候都可以根据需要进行改动。要发挥创造力！怎么选择由你来决定！

决定步骤

当你要做一个艰难的决定时，可以通过下面

的建议来缓解自己的压力，并在决策过程中发挥自己的选择权。

1. 要明白即使是你的决定，你也不能控制它带来的后果，以及他人可能出现的反应。你能做的就是控制自己如何做出决定。
2. 做决定之前先明确你想要什么、需要什么。即便你的需求看起来自相矛盾，也把它们写下来。
3. 给自己的需求分出等级。如果需求相互矛盾，就问问自己到底想要选择哪个？比如：当你要换工作的时候，是想要薪水更高还是工作时间更自由？你是想住在大城市还是小城市？什么能让你的家庭蒸蒸日上？
4. 把所有做决定需要的信息汇聚到一起。明确每个选项的替代方案、后果以及优缺点。在这个过程中，要保持理性，尽量客观，不要让情绪主宰你。

5. 确定自己足够理性客观了之后，再看着你列出的选项，试想一下你做出每个选择之后会有什么样的感受。反思并考虑你的感受对你来说到底有多重要。
6. 确定自己能承担多大的风险。然后想想你可能会选择下面哪种策略：

   - 选择最保险的——绝对不会失败的选项。
   - 选择最有可能成功的选项。
   - 尽管有风险，但还是选择能带来最理想结果的选项。
   - 想想在这个过程中还会有哪些选择，并对这些选择进行全面的考量。

7. 确定哪一个选项的失败是你不能接受的。如果某个选择可能带来你无法承担的后果，哪怕成功的概率再大，也要把它排除。
8. 知道自己的决定会带来哪些后果，并为如何应对这些后果做好计划。

9. 在适当情况下，可以参照附录A中的示例来帮助你做选择。

选择提示

一直哭下去没什么问题。但是你早晚都得停止哭泣，决定下一步要怎么做。

——C. S. 刘易斯（C. S. Lewis），
《银椅》（*The Silver Chair*）的作者

思考

回想一个你曾经做过的艰难决定，同时这个决定也很成功。仔细想想自己当时是怎么做出这个决定的。你进行过调研吗？寻求过家人或者挚友的意见吗？咨询过这方面的专家吗？当时有没有把所有的选项都一一列出来？有没有试过其中一两个选项？只要你觉得有用，不管是你做过的还是你没做过的，都写下来。找到自己是通过哪几个步骤，力排万难，做出了那个成功的决定的。再根据自己对过去成功经历的评估，制定自己在进行艰难抉择时的标准。然后把你做决定的步骤和标准与我们本章讲到的内容相结合，以便相互补充。

第9章

如何应对别人的愤怒

人不应该为两种事生气：
能控制住的和控制不了的。

——柏拉图（Plato）

生气是一种反应性情绪。不管对方的怒火是不是由我们引起的，只要对方生气了，而我们也选择以生气作为回应，就会有引发冲突的风险。我们其实可以换个角度，把别人的怒气看作是对方发泄出来的负面能量，就像在暴风雨中海浪会不断拍打海岸一样，总要有途径发泄多余的能量。但是，当对方生气时，如果我们觉得这是种威胁，并以怒气作为回应，往往会徒添烦恼，让自己应对两个人愤怒的情绪。两个怒气冲冲的人，也很容易就剑拔弩张，让普通的冲突一发不可收拾，造成危险的局面。

> “史蒂夫（Steve）”的反馈：在冲突中，我总是气得不行，满脑子都是对方的不好！有人曾告诉我，愤怒是一种“次级情绪（secondary emotion）”……而导致冲突的主要原因往往会因为我们的怒火而被掩盖。自从接受了您的指导后，我想了很多，因为您真的在听我说话，并了解我内心的想法。现在我开始意识到，也许是因为我太害怕、没信心，才试图用生气来掩盖自己真实的感受，因为面对这些感受，我真的不知所措。我只领悟了这么多，具体怎么应对冲突，还是需要您的帮助。

史蒂夫所讲的这一点，也困扰着很多人。生气、害怕、不自信或者担忧失去——当我们感觉到和对方产生隔阂的时候，这几种情绪就会像写进固定模式一样，轮番登场。任何人感受到分离时，都会无意识地进入一种情绪反应模式。这种模式大致是这样的：

- ◆ 事态按照我们习惯的方式发展。这时候我们对现状感觉还不错，哪怕现状不尽如人意。
- ◆ 发生了什么事情，这仿佛敲响了警报一般，让人难以置信。总觉得有什么不一样了，但是我们又说不清到底是什么发生了改变，将来要怎么样，为什么会这样。这也让我们逐渐不愿意选择相信。
- ◆ 当我们选择不去相信正在发生或即将发生的事情时，随之而来的就是恐惧——我们害怕自己难以把握新的变化，害怕接下来要发生的事情，害怕失去。
- ◆ 一旦心生恐惧，我们就开始怀疑——怀疑他人，怀疑上帝，怀疑自己的处境是否真的能好起来，甚至怀疑有没有人了解或者关心我们身处何地、处境如何。

◆ 不管是恐惧还是怀疑，我们的这些思绪越多，也就越可能怒火中烧——和其他人分离的事实让我们恼火。但是我们到底为什么生气？是谁让我们生气？其实我们自己也不一定清楚，只是因为感受到分离，这种情绪反应模式就开始运转起来了。

导致我们失去信任，跌入这种模式之中的原因有很多。我们和对方的关系不同，具体的情况不同，愤怒的程度也会不尽相同。

是时候转变你的观念了

我们知道，行动需要能量的驱使。当我们很在意一件事，并融入其中的时候，也会随之产生相应的情绪，我们要以这些情绪为能量，带领我们朝着积极的方向前进。但是，愤怒也是一种能量，也会引发一系列的行动。愤怒的问题在于，它会让对方、旁观者乃至所有相关人员都产生负面情绪。如果说失去信任是情绪反应模式的导火索，那么愤怒就是这个模式的最后一环。

哪怕是和纷争无关的旁观者，如果看到一个人怒气冲冲地和另一个人针锋相对，也会悻悻地走开，心想："幸亏我不这样，他真是太过分了！要是我肯定跟他没完。"然后，这位旁观者会怎么做呢？当我们发现对发脾气的人进行评判很方便的时候，我们会不自觉地以高姿态自居。但是实际上，在目睹别人发火的过程中，我们也会感觉到自己正在逐渐丧失相信的能力。也就是说，情绪反应模式开始运转了，每个人都被卷入其中！一个人先失去控制生气了，发泄出负面能量，并在事后为此感到后悔、羞愧或内疚。而他生气的对象可能会因此而情绪低落、羞辱难堪、恐惧愤怒，甚至于想尽办法报复他，或者从此一蹶不振。

与此同时，旁观者也会跟着担忧，生怕自己也惹祸上身。从表面上看，这些旁观者似乎高高在上，可以指手画脚；但实际上，他们也是在用言语发泄自己的愤怒，尽管和发脾气的人相比，这些旁观者的情绪显得温和很多。由此可以看出，一个人发火会影响在场的所有人，在这场生气的战役中没有赢家，所有人都有所损失。

生气确实对每个人都不好，特别是没有控制住自己发泄怒火的人。生气还会损害你的身体健康。在动画片里，当某个卡通人物生气的时候，耳朵会冒白烟，全身从头顶到脚趾涨得通红，有时候甚至还会爆炸。在现实生活中，每个人生气的反应都有着各自的特点，生气的表现有很多种，比如咬牙切齿、握紧拳头、面红耳赤、脸色苍白、有刺痛感、身体麻木、汗流不止、肌肉紧张，以及体温变化。

莫科拉（Mercola）博士是知名的内科医生，他在互联网上广受好评，有很多支持者。莫科拉博士在一篇名为《大怒之后，会增加心脏病发作或中风的风险》（Risk for Heart Attack or Stroke Increases after Anger Outburst）的文章中写道："在一项包含五千名心脏病患者、八百名中风患者和三百名心律不齐患者的系统研究中，我们发现，生气不仅会增大心脏病发作、心律不齐以及中风的风险，而且对经常生气的人来说，这种风险增大的可能性也会大大增加。"①

由此可见，经常发脾气对我们的健康危害很大。这也会让我们周围的人对我们产生害怕、恐惧、愤怒、敌意等情绪，甚至为了避免成为我们怒火下的受害者而与我们绝交。人是群体性动物，彼此之间是相互联系的，我们想要和周围的人搞好关系，但生气容易让我们错失身边的朋友。在极端情况下，这些破损的关系会演化成战争，这

① 引文内容摘自：http://articles.mercola.com/sites/articles/archive/2014/03/20/anger-heart-attack-risk.aspx。——作者注

也告诉我们为什么地球上会有这么多战争。

生气就像是急性应激反应（fight-or-flight response）。面对危险情况，我们的身体会本能地加强戒备。这时，我们大脑中的杏仁体（amygdala）——大脑中处理情绪的部分——会被激活，本能地反应要做些什么，这距离我们真的采取行动只有四分之一秒的时间。就是这么快！这也从科学的角度解释了为什么我们会不经思考就生气。

与此同时，血液会迅速涌入我们的额叶（frontal lobe）——特别是大脑左眼上方的部位。额叶能控制我们的理智，让我们不会因为太过恼怒而朝对方扔东西。神经系统对生气做出的反应持续不到两秒，所以当你生气的时候，最明智的做法就是采用我们祖祖辈辈流传下来的常识性建议：生气时，耐心等一等——从一数到十，然后再采取行动或做出反应。

周而复始地做着同一件事，却期待不一样的

结果，这种做法在旁人看来近乎疯狂。也就是说，这样做并没有用。

我认识一个人，他每次给家人忠告或者建议的时候，都没有人听，他也因此总是控制不住大发雷霆。久而久之，这成了他的一种固定模式：他因为被忽视和不受尊重而充满挫败感，又因为不断被动目睹家人由于不采纳他的建议失败而深感沮丧，这些挫败和沮丧让他养成了发脾气的习惯，然后他又对自己没有做出任何改变、屈服于愤怒而感到绝望。他自己也知道，发脾气一点好处也没有，反而让他和他的家人饱受摧残，身心都受到了很大的伤害。

这仿佛印证了那句老话："疯狂就是重复做一件事，却期待不同的结果。"生气会让周围的人害怕、憎恶和忧虑，而发火的人也会自责、惭愧和悔恨。最重要的是，生气解决不了什么问题。

我们不妨化干戈为玉帛，双方真正地去倾听对方，然后一起解决问题。下面的方法可以帮你做到这一点。

如何应对别人的愤怒

- **正视对方的感受**。明明知道对方生气了，还是选择忽视或是故意不去理会，只会让事情变得更糟，也会让对方更加急切地想要得到你的关注。一定要让对方知道你通过观察和倾听，已经了解到他的感受了。可以试着跟对方说："我知道你感觉很沮丧。"
- **注意自己的反应，不要太紧张**。对方的怒气可能会不自觉地引起你的急性应激反应。在沟通的过程中，不要采取可能导致对方产生更多扭曲情绪的方式进行交流。不要反击。
- **做一个好的倾听者，表现出你的诚意，让对方感受到你是真的想和他一起解决问题**。你可以说："我想听听你要说什么。（可能我错了。）让我知道你的想法，咱们一起来解决这个问题。其他人也遇到过类似的情况，都能顺利解决，我们也一定可以。”

- **用温柔的语气阐明自己的想法**。在沟通过程中，要及时给予对方回应，并有针对性的要求对方反馈。记住，冲突是双方期望不匹配所导致的，所以了解对方的期望是什么。并仔细想想你的期望是什么，然后和对方沟通分享。这能帮助你们双方弄清楚为了解决问题或达到共同的期望，各自都能做些什么。
- 如果当时情况需要，**要及时承认自己的错误，并表达出自己的歉意和悔恨**。
- **制定行动方针**。找到什么可以做，什么不能做。共同计划如果再出现类似情况，你们要怎么处理。
- **总结并结束对话**。让每个人分享他们未来打算怎么做，如果有必要的话，可以写一份像附录B的示例那样的摘要备忘录。

◆ 如果场合允许，**再次申明你们之间关系的重要性**。让对方知道，通过开诚布公的谈话和沟通，你对此有了不同的理解。

选择提示

在你要发脾气之前，总有那么一刹那，让你可以控制住自己。你知道自己还有别的选择——不要发火——也不要任由自己受情绪的摆布。注意生气的前兆——控制怒火——深呼吸——静待一会儿——把手放在胸前——让自己的心脑更协调。

然后你可以选择下列做法：

1. 找个借口推迟一下谈话，另定一个时间和地点。

2. 如果觉得自己情绪已经稳定了，达到了心脑协调，可以选择继续沟通，告诉对方，目前的谈话局面不是你们双方任何人所期望的。然后说出自己的期望，并询问对方的期望，再展开新的对话。（可以回顾一下第 1 章中讲到的内容，即“冲突源自不匹配的期望”。）

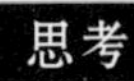

思考

在英文中，汉语“生气”的单词“anger”和“危险”的单词“danger”只差一个字母。我们一定要认识到，生气只是一种情绪反应模式，它会让当事双方（或者所有人）卷入其中。在应对愤怒的时候，看见对方的情绪往往会帮我们取得想要的结果。

选择提示

所有愤怒的核心都是有需求没有被满足。

——马歇尔·B. 卢森堡
（Marshall B. Rosenberg）

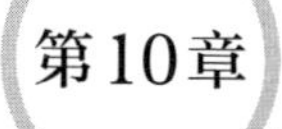

第10章 倾听的艺术

大多数人不是为了理解而听，
而是为了回答而听。

——斯蒂芬·科维（Stephen R. Covey），
《高效能人士的七个习惯》
（*The 7 Habits of Highly Effective People*）的作者

有效的倾听不仅可以化解冲突，甚至可以防止冲突发生。哪怕是世间最完美的关系，也会有剑拔弩张的时候，而由冲突引发的紧张，其实也是送上门的机会。

和夸夸其谈相比，我们在倾听的过程中实际上能了解到更多东西！当你和他人之间存在分歧甚至冲突的时候，很可能你正在极力劝说对方，想让他们认同你的观点。因此你滔滔不绝地讲下去——希望对方最终能了解你的处境。

哪怕别人正在讲话，大多数人还是没心情去

听，而是在脑海中思索着自己下一步要说些什么，甚至没等到合适的时机就开始插话。

通过训练，我们可以让自己学会真正的倾听，去理解对方到底要表达什么。当我们转变策略，开始倾听——真正地去听对方说的是什么，会带来什么样的变化呢？

> 受教育的标志是，你可以不接受一种观点，但可以容纳它。
>
> ——亚里士多德（Aristotle）

做一个积极的倾听者，并不代表你要认同对方的话。关键在于你要表现出你的在乎——因为在乎，所以你努力去倾听对方所说的，并真诚地想要理解他们所表达的想法。

记住，所有人都希望自己被倾听和被理解。先以我们期待别人对待我们的方式去对待别人是非常有帮助的。学会怎么做一个好的倾听者，并把这些运用到生活中，我们会受益良多，因为这不仅能增进我们和别人之间的理解，还能避免或者化解冲突。

做一个积极的倾听者非常重要。

要想知道怎么做一个好的倾听者，就要先思考一下，你希望对方如何倾听你。倾听并不等于赞同，也不需要做到对对方言听计从。但是你要让对方感受到你很在乎他，发自内心地想要去听他说的话。针对不明白的地方，还可以问一些澄清式问题，帮助对方更好地表达出自己的想法。

只要仔细听，你就会发现，对方的大多数想法都很好理解。对有的人来说，可能需要通过一些练习才能提升倾听的技巧。学习并掌握下面的技巧，能帮助你成为一个积极的倾听者。

1. **直视对方**。对方说话的时候，你要坐直了认真听，还可以身体稍稍向前倾，通过肢体语言让对方感觉到你在很专注地听他说话。

2. **保持令人舒适的目光接触**。（在一些文化中，目光接触不仅不礼貌，甚至会被看作是非常粗鲁的行为，对方可能以为你想挑衅他。所以在与他人进行目光接触之前，一定要先了解对方的文化习俗。）
3. **减少外部干扰**。关掉电视、手机，以及其他可能让你分心的设备。放下手中的书或者杂志。同时也请对方及其他听众这么做。
4. **及时给予回应，让对方知道你听明白了**。可以低声附和（如“嗯嗯”“嗯，对”）并点头。可以抬抬眉毛。可以说“真的吗”“这么有意思啊”之类的话，或者直接问对方，比如“你接下来做了什么”“那她说什么了”。
5. **把注意力放在对方所说的话上**。尽量不要去想你接下来要说什么。只要认真听对方表达完他的观点，你们的对话自然会继续下去。如果有的地方很重要，你需要再问问他或者对此发表一下自己的看法，也不要直接插话打断对方。而是把自己的想法快速记下来，方便自己在合适的时候可以想起来。

6. **减少内部干扰**。如果你的思绪总是干扰你，尽量摒除杂念，把注意力放在对方身上。
7. **保持开放的心态**。除非对方问你问题，不然在他讲完之前不要插话。记住，对方的观点你可以赞同也可以反对。尽量不要去胡乱猜测对方在想什么。
8. **在没人问你的情况下，不要主动告诉对方你面对这类情况是怎么处理的**。除非他们有需要，专门来咨询你的意见，否则就假设他们只是需要把问题说出来而已。在没有人问你的情况下就瞎提建议，是沟通的禁区。如果对方真听了你的话，结果却很糟糕，这就成了你的错。在倾听过程中，你要做的是，给予对方力量，帮助他审视和评估各种选择以做出正确的决定并践行他们所做的选择，然后继续评估并采取下一步行动。在他们大步向前的时候，你只要在背后支持他们就可以了。

9. **哪怕对方在埋怨你，也要等他说完了再为自己辩解**。这么做能让对方觉得自己的观点已经被表达出来了，并且你已经听到了他的观点。这样一来，他就不会再重申自己的观点或者试图说服你了。而你听完了他所有的观点之后，也能更好地回应他。一般情况下，我们的听话速度大体上是说话速度的四倍，也就是说，我们可以一边听，一边整理思路，为自己说话做准备。如果对方所说的信息量很大，不要打断他，而是要简单地记录下来，等轮到你说话的时候再根据自己的记录回应对方。

10. **让对方感觉到你在积极地和他讨论**。有不明白的地方就要提问，但还是要等对方说完话再问。这么做不会打断对方的思路。提完问题，再换个说法复述一下他们的话，确保你没有误解他们的意思。例如，你可以说“所以你说的是……”或者“我想你这么做的原因是……”。

要想做一个积极的倾听者，问一些澄清式问题，是很重要的一项技巧。

一般情况下，“是谁”“是什么”“在哪儿”“怎么做”和“什么时候”这类问题是相对容易提出又方便对方作答的，比如：“你能针对这个多说点吗？”“这个是怎么解决的？”“你还想到了哪些措施？”“这是发生在 ________ 之前，还是在 ________ 之后？”“还有哪些人参与到了你的实验中？”“你是在哪儿完成这些项目的？”

以“为什么”开头的问题比较容易惹麻烦。“为什么”会给人一种挑衅的感觉——可能会给对方造成某种程度的伤害，比如：“你为什么这样做？”“你为什么花这么多钱？”“你为什么不给我打电话啊？”“你为什么会觉得这是个好办法？”

通过这几个例子可以看出，以“为什么”开头的问题很容易引发导致愤怒的情绪反应模式。

我们需要注意，“为什么”这个词很容易激发人的防御心理。人们都很喜欢听到“是谁”“是什么”“在哪儿”“怎么做”和“什么时候”这类问题。可以注意一下，当别人问你不同的问题时，你自己会有什么不一样的反应。注意感受在被问到以“为什么”开头的问题时，自己会有什么样的反应、是否会进入自我防御的状态。

做一个积极的倾听者的九大好处

1. 和说话相比，倾听能让我们学到更多。
2. 认真倾听的过程能让对方感知到你很重视他，愿意花时间听他讲话。倾听的过程其实给予了对方肯定，有助于提升他的自尊心和幸福感。

3. 在倾听过程中保持沉默，能帮助你更好地理解当前的问题和对方的观点。
4. 倾听能让你获取更多信息，以便你更好地整理思路，做出正确的决定。
5. 倾听能帮你了解不同的观点，周听不蔽、集思广益，从而为达成合作努力找到突破口。
6. 倾听不花你一分钱。只要花一点时间，就能让你离实现自己的目标更加接近，还能建立相互协作的友好关系。
7. 只要选择去倾听，就能做到。不用特别去学习怎么做。
8. 倾听能帮我们化解冲突，建立更加稳定的关系。
9. 发言表示你参与其中，倾听表示你很在意，提问表示你渴望更好地理解对方的想法、感受以及要表达的内容。

更多提示

学会倾听，能让我们爱的人感觉到自己的重要性，知道我们欣赏他们、关注他们、尊重他们。倾听能让普通的对话提升一个层次，也能让交谈双方的关系更进一步。而且，当我们积极倾听的时候，其实也是在以身作则，告诉对方怎么积极有效地倾听。

在恋爱关系中，沟通越有效，关系越亲密。真正倾听孩子心声的父母，能帮助孩子树立他们的自尊心。在商务领域中，倾听能减少误解，从而节省时间和金钱。而且，我们在听的时候总比说的时候学到的东西多。

提升倾听的能力，能够为我们的社交、情感及职业发展助力，而且倾听的技巧是可以通过学习掌握的。

在你开始注意去锻炼自己的倾听能力的时候，

沟通过程中的沉默可能会让你感到惊慌。这时候应该说些什么呢？在这种情况下，你要学会享受这片刻的安静，好好体会对方说过的观点。

随着倾听能力的提高，你也会发现，自己在和别人的沟通中变得更如鱼得水了。我的客户总是赞叹我的沟通技巧，仔细回想，我发现其实我并没有说很多，更多的时间是陪伴在他们身边，静静地听他们说话。有人认真听我们说话，其实也赋予了我们为接下来的事情做选择的能力和勇气。很多人其实只需要一个倾诉对象——一个可以让他们毫无顾虑地把自己的想法大声说出来的人。

> “凯伦（Karen）”的反馈：我解决问题的方法就是大声把自己的想法说出来，但是如果只有我一个人，是没办法说出来的。这就是我喜欢和人们聊天的原因。你认真听我说就好，让我自己来处理。

倾听也能有效管理冲突。我见证过身边的人，当他们把自己对问题的看法说出来之后，发现归根结底没什么大不了的，然后他们很可能会说："我想我知道应该怎么做了，谢谢你一直在听我说。我想这才是我真正需要的。"

第11章 如何传递信息

认识的提高有两样好处：其一，增长知识；其二，将知识传授给他人。

——约翰·洛克（John Locke）

我们每天都在接收并传递信息。想想你一般都听谁的话，又对谁爱搭不理。这种把别人拒于千里之外的做法，会让我们错过重要的信息，而这些信息是我们要了解或传递给别人的。这样一来，肯定会产生冲突，也会让周围环境变得不和谐。在传递信息的过程中，要像给别人有效的指导（详见第6章）一样特别注意别人是如何理解你说的话的。要做到这一点，关键在于计划好怎么传递信息。

如何有效传递信息，不引发疑惑

- **明确知道你想让对方明白的点是什么**。提前计划好你要分享的内容。如果有需要，可以参考第6章“给予指导的艺术和科学”。
- **条理清晰，言简意赅**。讲话的时候要明确一个目标，尽量不要冗长，同时言语要恰当，如果需要的话，要注意讲话的顺序。你的措辞、肢体语言、手势，以及和听话人之间肢体的触碰所传递的信息要一致。
- **选择合适的环境**。讲话前先确定对方是不是专心在听。要选择合适的时间和地点，确保没有干扰。
- **摒弃主观臆断**。一定要警惕，说话时不要强加上自己的猜想、价值观和看法，因为这会影响对方的认知，让你没有办法真实有效地向他传递信息。

- **多为听众着想**。换位思考，站在听众的角度传递信息。有没有什么可能引起歧义的地方？别人听了可能会有什么反应？他们是不是从来没听过这些信息？需不需要事先印一些材料发给他们看，或者把发言的主要框架写在白板上？你要说的是不是让人不舒服的话题？在传递信息的过程中，需要什么辅助设备吗？
- **对自己的想法负责**。不要言之凿凿，好像你说的都是既成事实或者显而易见的常识。在表达自己的想法时，可以在前面加一些“我觉得……”或者“在我看来……”之类的话。
- **只说行为，不发表意见**。只要说出你观察到的具体行为，不要指责他人，或者以偏概全地去猜测别人的动机或就他人的性格妄加论断。
- **在表达感受的时候，用一些能够传递出你情绪的措辞**。比如，“我感觉……”“我被误导了……”“我希望……”。

- **把你的目的和意图开诚布公地告诉对方**。可以借助“我希望……”或者“要想更进一步，我们需要……”之类的话。
- **寻求对方的反馈**。问一些问题，确保对方能理解你说的。尽管对方在听，但是可能会对有些话理解错误，导致和你说话的初衷相悖。确保所有听众都明白你的话，并知道下一步应该怎么做，然后再进行总结，结束对话。可以根据需要重复你说的部分或者全部内容，然后再检查一下对方是否已经全部理解了。

选择提示

领导者在选择中前行，从不听信于偶然。

——马克·戈尔曼（Mark Gorman）

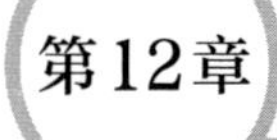

第12章 如何应对牢骚

发牢骚让我们的快乐消失殆尽。

——托巴·贝塔（Toba Beta），
《糊涂大师》（*Master of Stupidity*）的作者

我们在生活中，总难免听到其他人的抱怨、牢骚。发牢骚的人可能是家人或朋友，也可能来自工作场所或社区。其实这是他们传递信息的一种方式，他们在发牢骚的过程中寻求某种程度的安慰。所以，面对一个牢骚满腹的人，千万不要对他嗤之以鼻，好像他做错了什么似的。

承　认

◆ 在言语上和行动中，让对方知道你很在意他。

做个好的倾听者

- 允许对方把压抑已久的焦虑或者怨恨情绪发泄出来，帮助他平静下来。
- 忽略他粗鲁的行径。
- 不要说教。
- 不要指责别人，加剧对方的负面情绪。
- 不要辩护，也不要反驳。
- 要明白，发牢骚对他来说很重要。我们要理解对方的牢骚，这并不意味着同意他的观点或者认同他的错误。

判断当前形势

- 通过问一些澄清式问题并做相应的解释，让形势状况明朗化。
- 问问题时态度要真诚，要体现出你对他所说话题的兴趣，不要带着居高临下的优越感。
- 一定要了解必要的细节。可以问一些诸如“您在得到回复前给我们发过多少次邮件了”

或者“是谁回复了您”之类的问题。

制定行动方案

- 如果情况允许，告诉对方你的行动计划或者你打算怎么帮助对方一起解决问题。

下一步

- 如果你犯错了，或者你所就职的部门应该为一个错误负责，要及时承认它，而不是争辩或死不认错。
- 建议可以对向你发牢骚的人说：“您的反馈对我们来说很重要，感谢您的反馈，对于给您造成的困扰，我们表示诚挚的歉意。”

总结并结束对话

- 梳理一下接下来的行动，让双方都对事态接下来的发展有所了解，以便明确分工，知道自己要做些什么。

- 确保你们已经达成共识。
- 如果需要，可以总结出一份摘要备忘录，在沟通结束之后发给对方。详见附录B中的范例。

持续跟进

- 记录细节。
- 检查已完成的协议。
- 如果有必要，将达成的共识汇报给你的上司或者其他相关人员。

思考

不管我的言语是好是坏，都会影响到别人，而这些人又会去影响其他人，这种影响会不断传递下去，直到有人感受到了言语背后的情绪。

——弗雷德里克·布希拿

（Frederick Buechner）

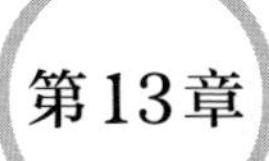

第13章 拳头五指表决，建立共识

真正的领导者不是寻求共识，
而是努力达成共识。

——马丁·路德·金（Martin Luther King, Jr.）

团队中的提议或者构想，都可以通过“拳头五指表决”的策略来了解大家对其的支持程度。也就是说，它能帮助我们决定是否采取基于共识的决策方式。在团队决策中，共识决策是非常受欢迎的方式，因为这可以赢得更多人的支持。但是用这种方式做决定，花费的时间也很长。

当你在和一群人集思广益、绞尽脑汁想办法解决问题的时候，“拳头五指表决”是非常可行的策略。但是使用这个策略，要注意两个关键点：一是要确保团队中的所有人都能畅通无阻地发言，表达自己的观点；二是所有人都有机会提出疑问。

大多数团队在讨论开始的时候都进展顺利。当讨论无法继续、陷入僵局，需要一定的条理或指引时，就可以用这个策略，帮助你制订行动计划。

投票就有输赢

不要太快开始投票。当团队，特别是掌握决策权的董事会或者委员会，要根据日程讨论事项的时候，总有那么一刻，让人可以明确感觉到，如果投票，结果肯定会导向其中一边。人们总是急于求得一个结果。但是，如果有人过早提出某个议案并进行表决，最直接的结果就是几家欢喜几家愁。

其实，决策过程也是你建立更加密切的人际关系的过程。通过运用“拳头五指表决”这一策略，你也许可以让四分五裂的组织内部达成一致，找到所有人都支持的方案，让所有人都成为赢家。

这个策略最大的好处在于，持不同意见的人的想法也能被注意到。有时候也许只有一个人不同意，但很可能正是这个有顾虑的人，发现了这个计划或者想法的弊端。积极主动地去了解是什么让这个人心存疑虑，也能让所有人看到你想了解每个人的想法的努力。要允许有异议的人发表自己的观点，并问一些澄清式问题。毕竟，把时间、金钱和名誉都倾注到一个最终可能失败的计划上，整个团队的利益都会受到损害。

“拳头五指表决”策略

“拳头五指表决”这一策略包含了达成共识的基本要素，只要团队成员共同努力，就可以达成真正的共识。对很多人来说，他们已经习惯了简单的“赞成和反对”式投票模式。相比之下，我们要讲的“拳头五指表决”策略虽然复杂，却是从团队的利益出发的。

“拳头五指表决”不仅给了少数人机会，鼓励他们把自己关于问题的观点原原本本地表达出来；同时，这个过程能帮助多数成员打开思路，从方方面面斟酌检查，踢走成功路上的绊脚石。这样一来，我们就能发现可能存在的缺陷或者错误，然后加以解决，并因地制宜地修改相关行动计划，力求减少乃至消除失败的风险。

不同手势的含义

让所有参与者在对某个观点进行表决的时候，用手势来回复。可以伸出拳头，表示“不同意”，也可以伸出从一到五不同数量的手指，代表他们的支持程度。这样一来，决策过程就不再是单纯的少数服从多数，而转变成了真正有质量的决议，也能让团队掌握更多的相关信息。

- **伸出拳头**表示我投反对票。我反对这个方案，并会阻碍团队达成共识（通常基于道德理由）。
- **伸出一根手指**表示我勉强接受，虽然不喜欢这个方案但是也不明确反对，或者我觉得这个方案可改进的空间还很大。在团队表决的过程中，伸出一根手指的人往往会保持中立，或者即使不完全同意也不会影响团队达成共识。
- **伸出两根手指**表示我不太喜欢这个方案，但是可以接受。
- **伸出三根手指**表示我对这个方案的支持程度适中，喜欢其中的某些方面，但是又不是所有方面，可以认同。
- **伸出四根手指**表示这个方案不错。
- **伸出五根手指**表示我很喜欢这个方案，并且认为这是最明智的决定。

“拳头五指表决”的步骤

1. 团队内商议的想法或者方案已经被充分讨论过，也获得了大多数人的赞同，但是还存在问题。在这种情况下，你可以不选择传统的投票形式，而是让全体成员用拳头五指来表达自己的意见。你可以事先和组内成员讲解一下怎么进行拳头五指表决，也可以在决议的时候再向所有人说明。
2. 简单介绍伸出拳头及一到五根手指表达的意思，然后让团队成员根据自己对方案的看法，当场伸手表决。让所有人把手举高，这样房间内每个人都能看到其他人的想法。
3. 让伸出拳头或者只伸出一两根手指的人分享一下他们的想法，看看他们的顾虑是什么，为什么反对这个方案。如果可以，让他们针对自己提出的问题提出可能的解决办法。
4. 留出一些时间让大家提问，并针对可能的解决办法发表自己的看法。

5. 这样做也许需要大家进一步修改原方案。
6. 让大家再次用拳头五指对已修改的方案进行表决。如果原方案没有任何变动，就让大家再次针对原方案进行拳头五指表决。
7. 如果所有人都伸出三根或三根以上的手指，就代表团队内部达成了一定程度的共识，有了每个人都可以接受的方案，不会再有任何异议。这样的决议，能让整个团队都有一种感觉，即所有人都会支持这个方案，没有人输。
8. 如果还是有人伸出拳头或者一根手指，你可以继续重复前面的步骤，也可以采取传统的投票方法，少数服从多数。

有时候，在决策过程的早期先了解大家对某个方案的支持程度是非常有益的，因为团队成员可能在那个时候已经对方案都很赞同了，只是很享受讨论的过程，想继续聊聊自己的想法。举个例子，如果一开始就进行拳头五指表决，只有两个人伸出一根手指，其他人不是五根就是四根，那么这个方案肯定能通过，或者在达成共识的过程中没有人会反对，只有两个人的需求没有被满足。那么接下来就可以让这两个人发言，让大家去关注他们的异议。这为整个决策过程节约了很多时间。

如果有很多人伸出了一根、两根或者三根手指，那这个方案不过是个权宜之计，需要密切关注或尽快重新考虑。给这些支持程度低的方案设定一个审查日期，一般来说是个实用的好方法。很多团队在实践中发现，很多人伸出一两根手指表决的方案，哪怕最后大家都同意了，也还是不要通过为好，以免浪费大家的时间。因为这样的方案通常麻烦重重，容易出问题。

如果表决时，各种态度持平，没有绝对的多数派，那么就可以看出这个方案很可能不会持久，整个团队接下来要做的事情还有很多。团队要做好可能需要面对更多争议的心理准备，并针对这种两极化的观点，制订相应的计划。

管理冲突并达成共识的好处

- 评估每个人针对某个问题或者决定的立场，可以避免无休止的讨论，从而节省时间。
- 帮我们积极地从持异议者那里获取信息，哪怕他们是明显的少数派，哪怕他们的方案可能会被否决。
- 可以揭示出可能导致项目失败的因素，让整个团队在投票前有机会集思广益，针对问题思考解决的办法。
- 可以针对持异议者提出的问题制订行动计划，这样一来，他们也会转变观点，支持决议通过的方案。

◆ 发现方案可能存在的问题，并针对问题想解决办法，从而不断优化最终方案。

选择提示

同类相吸。如果我们放弃，就会有人跟着放弃。如果我们哭，就会有人跟着哭。但是如果我们认为这是一个新的开始，别人也会跟着鼓起勇气去面对。我们都在潜移默化中影响着身边的人。花的香气可以通过空气传播，我们的态度也会荡起我们情感的涟漪。每个人的想法和言语都会对接下来要发生的事情产生某种程度的影响。我们可以改变自己的想法、言语及态度，停止自怨自艾。我们要表现得像我们所祈祷的事情实现了一样开心。当朝阳破晓，从树林穿过的时候，黑暗散去，整个世界都会被照亮、被治愈。我们也是一样。

——乔伊斯·塞奎奇·西弗勒（Joyce Sequichie Hifler），《切罗基人的节日》（*A Cherokee Feast of Days*）的作者

第14章 要有勇气

懒散助长怀疑和恐惧，行动增加信心和勇气。如果你想征服恐惧，就不要待在家里胡思乱想，走出去让自己忙碌起来。

——戴尔·卡耐基（Dale Carnegie）

这本教你自救的书，写到这里，马上要完结了。但是到底要怎么做，决定权还是在你自己。

不管在你看来，冲突到底是好还是坏，你创造了自己的实相。在生活中，如果感觉到要起冲突了，记得千万不要埋怨这是个坏事情，冲突也能为我们带来新的信息。不管发生什么事情，要先看清事情的本质，然后静下心来，看看事情的各个相关方都能从中学到什么。我们要在观念上转变对冲突的看法。

当你在生活中遇到自己难以理解的事情时，

不一定要急着找到其中的原因。世间的事情本来就是有因就有果的，知道这个道理远比追根究底重要得多。只要我们相互之间沟通协作，总能了解到对方的期望，并一起为之努力。

所以到底是什么引发了问题也许并不重要——重要的是，你知道怎么去沟通，去了解当前的变化和问题。面对问题，我们首先要想想自己的期望是什么，然后再用温和的语言和对方沟通，去了解他们的期望。更重要的是，这样做可能会给各相关人员带来意想不到的好结果。

无法有效管理变化或拒绝改变的后果

有时候我们哪怕在冲突发生前已经感觉到了关系的紧张，也总是抱有幻想，以为假装没事就能顺利过关。然而事实是，在这种紧张结束的同时，当事双方会形同陌路，彼此的关系也难以再回到从前。有的人也许还以为，只要这种紧张不恶化，我们可以忍受。但是事实告诉我们，面对这种情况，如果不去改变或者有效地管理变化，事态是不会保持现状的——很可能会恶化。如果没有人注意到这种紧张，并采取相应的举措，它就会继续升级。

> 脆弱并不可怕。脆弱证明你有勇气保持真诚、开放、坦率。它能够帮助你和身边其他人更加深入地沟通。它会让你变得更强大，让你和他人建立起我们在生活中都期待的联系。心底的秘密就像肩上沉重的负担，让我们难受、害怕，说出来才能解放自己。说真话能让你更加明了自己内心真正的选择。
>
> ——萨拉·帕蒂森

“勇气”这个词说起来很有意思。如果去查词典，对这个词的解释是：“指个体在面对危险、恐惧及不确定的时候能保持沉着、自信、果断、刚毅的精神状态。”在英语中，勇气是“courage”，词根“corage”来自法语词“couer”，表示“内心”的意思。从这个角度来看，我们可以把勇气理解成“能让人不顾后果、努力向前的决心”。勇气是成熟的象征，它来自内心日积月累的沉淀。

当我们有意识地选择处理、管理或者解决冲突，而不是忽视它或抱着侥幸心理、希望它消失的时候，我们的内心起到了关键的作用。要心智足够成熟，才能直面自己的恐惧和不安，或者积极应对他人的情绪。要心智足够成熟，才能明白选择的强大威力——并做出明智的选择。

> 真正的勇者不是没有恐惧，而是能意识到还有比恐惧更重要的东西。
>
> ——斯蒂芬·科维（Stephen Covey）

要养成新的习惯，也需要足够的勇气。对于

朝夕忙碌度日的我们来说，很少有人会去审视自己的习惯。但是我们每天的生活建立在各种各样的习惯的基础上，而且大部分的习惯都是健康的、必要的。它们赋予了生活更多的秩序，也提高了我们的幸福感。试想一下，要是大家早晨起床后都不刷牙会怎么样。刷牙就是我们的好习惯！

当我们感到担心或惭愧，或者身边的人向我们反馈，我们做的事、说的话、持有的态度不符合我们的最佳利益，甚至对他人有害的时候，我们就该审视自己，做出改变了。但是对很多人来说，改变并不那么容易，想让他们改变简直比登天还难。在这种情况下，就要下定决心，改掉不好的习惯。

改变是一种自主行为

大多数人都是以社会统一的标准来衡量自己

到底取得了多少进步的。有的时候，我们可能认定习惯是难以改变的，哪里谈得上任何自主性？但是试想，如果人活一世，不能遵从内心去追寻自己的想法，发展自己的感情，并在这个基础上为自己创造机会，改变环境，又有何希望可言？

你的行为由你自己来做主！你要为自己的选择负责任！在精神层面上，人类有自主选择的权力，也能主宰自己的世界。但是如果我们放弃选择权，任由他人替我们定义人生，就相当于放弃了自己的权利。面对改变不采取行动，只是无助地听之任之，会让你的生活走下坡路。如果不充分利用机会选择改变，让我们自己，我们的家庭、公司乃至国家也随之改变，以便更好地适应变化，高举个人自由的旗帜又有什么意义？

勇气是在没有任何成功保证的情况下开始的承诺。

——歌德（Goethe）

我们那些旧的行为模式和习惯就像一条条的车辙，沿着车辙前进当然轻松自在，因为道路已经开辟好了，你遇到的障碍会更少。旧习惯就像地心引力一样——让我们不自觉地拒绝改变，走上老路。

所以，如果想养成新的习惯，就要冲破旧习惯引力的束缚。当我们想要改掉某种恶习的时候（比如抽烟或者吃糖），总会有一种失落感——就好像自己有一部分被掏空了，恨不得马上填补上。这种时候，你会用什么去填补这块空缺？不管你找到和选择的事物、想法或者情绪是什么，只要它可以用来取代旧习惯即可。

养成新习惯的关键

◆ 首先要清楚地意识到，养成新习惯需要强大的意志力——自由意志力。你要靠自由意志去改变和创造一些东西。

- ◆ 意志力就像我们的肌肉一样，可以通过训练变得更强大。
- ◆ 在一天的早些时候，我们的意志力似乎很强大，但是随着时间的流逝，它会逐渐被削弱。
- ◆ 如果要开始做一件新事情，尽量在每天的同一时间去做，并且连续坚持三十天。
- ◆ 每天尽量早点练习做新事情，因为这时候人的意志力相对更强大。
- ◆ 一次只培养一个新习惯。如果你同时改变很多习惯，很有可能会失败或者中途放弃，因为太多的新事情会压得你喘不过气来。

习惯模式贯穿于我们生活的方方面面。习惯模式不仅仅是那些让人作呕、厌恶的行为，还包括你的情感表达方式、言语表达方式——你从早到晚是如何安排自己的生活的、做了些什么事情，都是你习惯的一部分。有的时候，我们会认为自己或者别人的习惯是固定的——它们是我们性格的一部分，是不能改变的。试想一下，如果真的戒掉自己的恶习，你将会变得多么的自由，因为归根到底，这些不过是人类的习惯而已，你可以像脱掉旧衣服一般把它们轻易地摆脱掉。

我们每天都会换衣服，有的人甚至一天换好几次。只要相信我们是可以改变的，我们定能改变自己的习惯。宇宙万物似乎都在提醒你行动起来，开始改变，但是真正的改变需要从你自己开始。我们经历的种种冲突就是给我们的提醒。积极主动地去改变，能让我们的一切变得更好，要知道，你唯一能够改变的人就是你自己。

困难是用来激励人心的，而不是使人气馁的。人的心灵将因冲突而成长茁壮。

——威廉·埃勒里·钱宁

（William Ellery Channing）

应对冲突和分歧最积极的方式就是深吸一口气，然后扪心自问：“我能从这种情况中学到什么？”冲突各方都应该从中有所领悟。

能够面对所有可以想象的事，这就是勇气。

——雷欧·罗斯腾（Leo Rosten）

我们要选择相信，在自己的生活中，我们可以改变，并且勇敢地大步向前，告诉别人怎么去选择自己的生活。

马丁·路德·金说过，和平不仅仅是我们追寻的一个遥远的目标，而且是我们达成这一目标的途径。他说得很有道理，而且和平不仅仅是世界的和平，也是我们内心的和平。全世界所有的精神传统都传递着相同的观念：要实现和平，就得以和平的方式。那么我们要怎么做，才能变成自己所期望的样子呢？完全是意志使然……还要帮助别人体验你想体验的事情。

——尼尔·唐纳德·沃尔什

（Neale Donald Walsh）

附录A 一个简单的行动计划

如果你没有计划，你就是在计划失败！

——本杰明·富兰克林（Benjamin Franklin）

简单来说，行动计划指的就是先明确提出目标，再写出要达成目标需要完成的一系列任务和行动。同时，还要注明完成每项行动的时间表、负责人，以及完成行动和总体目标所需要的人力、物力资源。

你可以写得很简单：谁在什么时间做什么，以及需要用到什么。可以参考下面的示例。

要采取的步骤	负责人	所需时间
1		
2		
3		
所需资源 （人力或者物力）		

对目标复杂或涉及人员较多的行动计划的考虑

1. **参与者**。在制订行动计划的过程中，需要哪些人参与进来？这包括受影响的人或者他们的代理人或委托人，以及负责决策和完成目标的人。把所有的参与者做成一张表格——包括他们的姓名、联系方式、能力范围以及职责。

2. **重要信息**。如果是为了某项活动或者针对明确的关注点制订行动计划，就要搜集并整理相关信息，信息越详细越好。

3. **需求评估**。反思一下你的目标，看看是否需要进行需求评估（通过发放调查问卷、检查、增加投诉渠道、实地调查等方式），以便获得更多有用的信息。
4. **明确需要做出的改变**。根据需求评估收集到的数据，清楚地写明需要做出哪些积极的改变。
5. **列出行动计划**。把达成目标所需要做的事项一一列出来。
6. **分配任务**。指定专门的人员负责每项具体的行动。
7. **制定时间表**。确定每个行动步骤需要多长时间可以完成。
8. **所需资源**。确定达成目标所需要的人力或者物力资源。
9. **跟进评估**。确定具体的时间、地点，以便团队内部召开后续的会议，对行动计划的进展进行梳理和评估。

10. **适当调整**。根据需要适当地调整或者修改行动计划。

11. **总结心得**。以个人或者团队的方式，总结一下你在制订并执行行动计划的过程中对自己、公司、员工、所拥有的资源以及管理变化的能力是不是有了新的认识。把那些切实有效的行动任务记录下来并存档。

附录B　如何使用摘要备忘录

为什么要制作摘要备忘录

制作摘要备忘录，可以防止我们在以后的生活中被卷入冲突之中。当人们见面和交谈的时候，每个人都会不自觉地记住对自己重要的信息。在倾听的过程中，我们也往往只听得到自己想听的。这就会导致我们对其他事情记不清楚，甚至想不起来在交谈过程中达成的共识、讨论过的事情，更离谱的是，有时候连谈了什么都记不起来。

摘要备忘录可以帮助我们简要记录在会议或交谈过程中的重要信息，比如讨论了什么、就什么问题达成了一致。其中，最重要的就是采取下一步行动的协议或决定。

把摘要备忘录分发给参加会议或交谈的每一个人查看，并告诉大家如果发现任何遗漏或者错误，要在规定的时间内提出来。可以这样提醒大家："如果没有任何回应，就默认所有人都认为摘要备忘录上的信息是正确的。"这样，如果有记不清的事项就可以查阅摘要备忘录，重新回忆当时做过的决定。

摘要备忘录的必备元素

- 备忘录的制作日期。
- 与会人员以及需要使用备忘录的人员姓名。
- 备忘录执笔者的签名或者姓名首字母缩写。

- 会议的日期、时间、地点。
- 会议目标。
- 会议主题（不需要过于详细）。
- 双方就接下来将如何行动、下一步将如何进展在会谈中达成的共识或者制定的目标，必要的情况下附上详细的步骤。
- 对接下来的会谈或者行动的打算。
- 要求所有收到备忘录的人检查里面的内容是否正确，如果有人觉得有需要补充或者修改的地方，要回复所有人提出来，并把修改的具体时间和日期标注上。
- 使用电子邮件这类工具，在你发送备忘录后会有邮件接收提醒，以便准确了解对方是否已经看过备忘录。也可以寄挂号信，要求收件人在指定时间将回执寄送到指定地址。
- 备忘录的执笔人要保留原件或将其保存在团队记录中，以便将来有人查阅参考。

图书在版编目（CIP）数据

如何摆平日常冲突/ (美)艾伯塔·弗雷德里克森著;石若琳译. —北京:北京时代华文书局, 2022.8

ISBN 978-7-5699-4663-5

Ⅰ. ①如…　Ⅱ. ①艾…②石…　Ⅲ. ①人际关系–通俗读物　Ⅳ. ①C912.11-49

中国版本图书馆CIP数据核字 (2022) 第 117287 号

Published by arrangement with the author, Alberta Fredricksen.
简体中文版由银杏树下（北京）图书有限责任公司出版

北京市版权局著作权合同登记号 图字：01-2022-1724

拼音书名 | Ruhe Baiping Richang Chongtu

出 版 人 | 陈　涛
责任编辑 | 李　兵
特约编辑 | 谢翡玲
责任校对 | 凤宝莲
装帧设计 | 墨白空间
封面设计 | 柒拾叁号
责任印制 | 訾　敬

出版发行 | 北京时代华文书局 http://www.bjsdsj.com.cn
北京市东城区安定门外大街 138 号皇城国际大厦 A 座 8 层
邮编：100011　电话：010-64263661　64261528
印　　刷 | 天津中印联印务有限公司　022-59220703
（如发现印装质量问题，请与印刷厂联系调换）
开　　本 | 787 mm × 1092 mm　1/32　印　　张 | 5.75　字　　数 | 80 千字
版　　次 | 2023 年 4 月第 1 版　印　　次 | 2023 年 4 月第 1 次印刷
成品尺寸 | 130 mm × 185 mm
定　　价 | 38.00 元